Caliópe
editorial

VIDAS PARTIDAS

Daniel Alaniz

Vidas partidas

Primera edición: septiembre de 2017

© Editorial Calíope
© Daniel Alaniz
© Vidas partidas
© Ilustración de portada: Alexandra Osbourne Artworks

ISBN: 978-84-17233-00-6
ISBN Digital: 978-84-17233-01-3
Depósito legal: M-24630-2017

Editorial Calíope
Grupo Editorial Max Estrella
Fernández de la Hoz 76
28003 Madrid

editorial@editorialcaliope.com
www.editorialcaliope.com

Dedico este libro de poesías
a la mujer que me llenó de fuerzas y ánimo,
que supo y sabe confiar en mí.
A mi esposa Analía.

INTRODUCCIÓN

El mundo que nos rodea es incierto y a la vez es tan predecible que la vida no solo se hace incierta y predecible sino que hasta sin sentido, abrumadora, pesada. Parece una contradicción lo que expreso, pero lo que quiero decir es que lo incierto es lo razonado por otros, entonces sabemos la marcha de un mundo estereotipado, que se sincroniza con las mentes que no gozan de un esplendor sabio, sino que inmortalizan lo repetido, *somos víctimas* de un éxito decadente, de una humanidad, exitosa de la nada, de lo que solo es lo que es, lo «incierto» está en aquellas cosas que preocupan al vulgo, en aquellas cosas que son cotidianas, pero por ser cotidianas no son malas lo malo es que esa cotidianidad tiene como consecuencia el apropiarse del alma y razón de cada uno de nosotros. Lo predecible se disfraza de impredecible y nos ataca nos embiste, nos embebe con sus cosas sin dejarnos realmente pensar, nos ata, y nos tortura pensando en un mañana «incierto», es ahí donde la voz de los comunes se quiebra, se desespera, se desconcierta se encierra en una madriguera de mentiras, donde el mañana da miedo y no se puede vivir el hoy. *Donde las palabras van cobrando un sentido enfermizo*, aprisionan las mentes, conllevan dudas y desconciertos increíbles, tienen la fuerza de todo aquello que puede derribar hasta el más alto y fortificado muro, *palabras* sin sentido derriban castillos, esas *palabras* dejan de convertirse en simples *palabras y pasan a ser rumores*, rumores de destrucción, que corroe cada mente, cada ser, cada vida, el rumor mata la existencia, el rumor sabe manejar una estructura y esta estructura se llena de poder en el momento que esos rumores, comienzan su obra, y cada uno comienza a ser la obra de ellos, cada uno solo vive de ellos, son parte de ellos, se espejan en ellos, se convierten en repetición, en acuidad, comienzan a matar y a dejar que aquellos que realmente tiene sentido no se pueda entender, se desecha, los rumores enloquecen los sentidos, los cierra los ponen esquizoide. Cada uno vive de acuerdo a un enfermizo rumor, solo se aferran a simplicidades, a cosas exteriores a pensamientos sin contenidos, solo dejan que aquellas cosas que son entretenimiento les dé un poco de respiro, llaman las cosas que no son como si fueran, no pueden nombrar lo nombrado, solo *deletrean* una simplicidad de cosas que empañan la conciencia y esta a su vez no tiene el discernimiento de ver la realidad ya que están bloqueadas por lo ya razonado por lo mismo de siempre, nada les sirve de aquello que realmente les hace ver que lo cotidiano tiene la intención de encerrar la conciencia como si fuera una cosa, que no tiene valor. ¿Qué es lo impredecible?, ¿Es algo tangible; real? Podemos decir que sí, lo incierto se encarna en lo cotidiano a través de las palabras, las palabras son símbolos, es una semiótica que comenzamos a aprender en nuestras vidas, este simbolismo se va manifestando en nuestras vidas a cada paso, las palabras como símbolo nos remite a significantes, y es así que el significante está construido por las palabras, por un simbolismo, las palabras no dichas tiene también su semiótica, aunque no se pronuncien.

Hay palabras simples, comunes, las que dicen algo pero no se tienen en cuenta, más *en la poesía cobran sentido*. Pero cuando hablo de poesía, estoy diciendo esa poesía que deja mucho más que un simple pasatiempos, o descarga energética para entretener.

En la verdadera Poesía, se quiebra a la humanidad entera, porque en realidad la poesía no es para todos, no todos los que escriben «versos» o «rimas» son «poetas» o «poesías», la verdadera Poesía, llena un espacio, donde no hay nada, y deja al espíritu humano ir más allá de la mera existencia.

Es por eso que la verdadera Poesía es rechazada, quién se acerca a la poesía debe llevar dentro suyo muchas preguntas, muchas imágenes, muchos sentidos, debe de encontrar en la poesía un manantial, que diga, más de lo que se preguntan, más de lo que piensan; más de lo trascendente.

En Vidas Partibles se podrá encontrar a la palabra que cobra sentido en sus poemas, se podrá ver imágenes oximorónicas que conllevan al lector hacia el centro de la existencia.

En Vidas Partidas solo habrá más de una realidad, la realidad de cada lector que interpreta los poemas.

Vidas Partidas es un poemario humano, donde vestirá y desvestirá las vivencias de cada uno de los lectores.

EL AUTOR.

LA PRINCESA ESTÁ EN MI MENTE

Vengo a despedirte a decirte adiós, sé que vendrán
noches largas, mensajes lejanos, recuerdos.
Quizás hoy yo no lo entienda, quizás estoy en otra
dimensión, sentimientos de aguas rojas se desvanecen
entre tu espacio y mi espacio.
No sé qué es mejor si este adiós o la muerte, quise
ser tu puente, tu salvador, tu refugio,
pero te digo, desde ahora voy a poder escribir
la poesía más triste debajo de este cielo.
Aunque navegues sola, me verás iluminarte porque
seré tu faro.
Rostros desconocidos se encuentran en este lugar,
ayer eras la princesa Hebe y yo bebía de tu dulce néctar,
hoy amargo, tu cuerpo marcado de mi pasión, era
una verdad, sí, te pienso y te sigo pensando, tal vez
esta calle te lleve al final.
Tal vez un tren te lleve a las nubes.
Estás en mi mente, y te dibujo con palabras de recuerdos,
estás en mi mente, y te subo a tu trono.
Quizás el tiempo se detenga ahora mismo, igual ahora
mismo ya es tarde.

LA VIDA Y EL DISPARO

Pasarán los años, y los cañones seguirán explotando
en la humanidad,
pero no dejes que alguien te quite las ganas de vivir,
no dejes que tu corazón se convierta en mármol.
Ayer un esposo mató a su esposa, un niño lloraba
por su madre, la justicia se olvidó de hacer algo
por ella.
Un hambriento yace en tu vereda, la gente lo ignora,
los perros lamen sus llagas, nadie tuvo
interés por él.
No dejes que te quiten las ganas de vivir, que es
muy fácil apagar el candil.
No dejes que te quiten la vida, es un don subestimado
que hoy vale muy poco.
No beses el anillo de oro del religioso él no sabe de
igualdad, no te arrodilles ante historias de esclavitud,
que los dioses que se crean son de ilusión.
No dejes que te disparen en el pecho, que la herida
te quemará, que nadie juntará tu sangre para
amar.
No te dispares vos mismo en tu sien que los que te
dan el arma esperan tu muerte,
ellos vencen en la oscuridad, ellos aman las
masacres, la vida es solo un juego de roles
donde los perversos siempre tratan de ganar.

ANAMNESIS

En las tarde huidizas sin sueños ni encantos,
solo con una nostalgia, una melancolía, donde
el reloj no puede marcar las horas, y el dejo de
una poesía de Pizarnik llena mi mente en un ambiente
con música barroca.
Leo su «POEMA A MI PAPEL» donde dice:
«leyendo propios poemas
penas impresas trascendencias cotidianas
sonrisa orgullosa equívoco perdonado
es mío es mío es mío!
leyendo letra cursiva
latir interior alegre
sentir que la dicha se coagula...»,
la tarde se mantiene entre poemas y poemas, entre
sus poemas, mis poemas y mis sensaciones que en
este momento no son más que simples nostalgias a
un mundo mental.
Soy ese hombre «real», imperfecto, mudable, y acosado por
dudas y temores,
soy una mirada al pasado, soy un milagro olvidado.
No hay gritos ni llantos ni tierras ni memorias vanas,
miro a mi alrededor y solo opacos sonidos abrazan
la atmósfera de esta tarde tan irreal, o todo lo
contrario tan real, que las calles están llenas de agua
de tanta lluvia, los pensamientos se aíslan esperando
el instante.
La rutina se rompe con la rutina y se convierte en un círculo
vicioso que nunca dejará de serlo.

PERSEO EN LAS CALLES
DE LA CIUDAD

La serenidad de la irracionalidad envuelve con su
manto de impiedad aquellos caminos del olvido,
las horas siniestras, ciega la vista y entorno
a Las Górgonas que nunca serán victimas de ellas,
jamás serán miradas.
Pero hoy soy un Perseo, con mi escudo como
espejo me enfrento ante burdas figuras de lo
bizarro.
¡Oh! diosa Atenea tu regalo me salvó, pero no quiero
cansarme bajo esta armadura, las ninfas salvan
mi corazón y mientras todos se hunden en el lodo,
me abrazo a la madre tierra, tus hijos, madre te
sacrifican en cada momento.
Madre te doy mi caballo alado que brotó de la sangre
de Medusa, madre vuela por el cielo abierto, tus hijos
gimen y se matan entre sí, el caos navegan por los
siete mares.
Vuela madre, vuela.

EL OTRO LUGAR

«...aquí en el Pirovano
hay almas que NO SABEN
por qué recibieron la visita de las desgracias... Oh, he besado
tantas pijs para encontrarme de repente en una sala
llena de carne de prisión donde las mujeres vienen y van
hablando de
la mejoría».

Poema Sala de Psicopatología de Alejandra Pizarnik

Soy el protagonista de una historia que no tiene ni libreto
ni guion, atrapado en una escena que se repite en la cual los
espectadores son los que me rodean.
Pasan largos días que no recuerdo el lugar,
pero vienen a mi mente, rostros, semblantes fantasmáticos,
me habla «dios» y me dice que él es «Jesús» que volvió de
nuevo a la tierra a morir en la cruz, días atados todos, pero
no literalmente.
Quiero levantarme de la cama pero apenas puedo, todo
me da vueltas, no puedo saber dónde estoy, me agarro de
las paredes para llegar al baño, ¿dónde estoy?, ¿quién soy?,
luego la vida, una vida, mi vida, no puedo explicar qué
siento acá en un psiquiátrico con mis brazos vendados,
¿se detuvo el tiempo?, voy y le pregunto a «dios» o «Jesús» que
está acá internado, su apariencia coherente de lo que dice
que ahora le creo que es «Jesús».
«Jesús» da cheques hechos por él con una birome azul, cheques
millonarios y manda a cobrarlos.
«Jesús» de tantas locuras tantos años, largos años encerrado
en un manicomio él siguió siendo
«dios».

EL TEATRO DEL SER

Las escenas se entrecortan, nada es lineal,
el drama de la vida hay que representarlo,
alguien habla solo, alguien hace un espacio.
¿Estás?, por momentos sí, por momentos no,
busco un lugar donde varar, está perdido mi
puente, y no sé por dónde cruzar.
Un hijo hablándole a un millar de sus madres,
todas lo engendraron, todas son sus madres,
en un rincón un pequeño niño huérfano llora
por un beso de madre.
Actores sin guion, perdidos en un drama,
pensar en cruzar por una delgada línea,
actores sin serlo, muchas pesadillas no pudieron
evitar.
Representaciones de vidas inertes, gentes robotizadas,
viven pero no tienen vida, actores mediocres, oscuros,
viven en el absurdo de unas historietas de la vida sin
sentido.
Todo es un escenario, y se mezcla espectadores con actores,
todos quieren obviar lo peor,
pero tienen que sí o sí actuar la angustia de la vida, nadie puede
sin vivir representar o actuar, el temor de la existencia.

EL COFRE DE FILIS

I

Un reloj, una vida, un minuto…,
Sandra llama a su hermana Sara,
camino trazado entre las dos hermanas,
pero aunque sean gemelas Sara nunca
envejeció, ¿por qué, le pregunta Sandra?,
porque Sara en su vida destruyó al
minuto, se vació de horas amargas,
y de espacios agonizantes, ella es la
que refleja un tiempo que no pasa.

II

El tiempo interno se detiene, el tiempo
externo te hace llorar, tantas heridas,
tantas caretas, tantos maquillajes,
una vida sobre otra vida,
la vida como metal hiriente,
en este tiempo hay que aprender a jugar,
en este juego solo se puede perder una vez.

III

Uno de estos días quizás habrá
un Cofre de Filis, y el terror
te ganará, la locura será tuya,
el miedo ganará tu mente, la muerte
te espera al caer.
El fin de los tiempos y de la vida,
de la juventud y la vejez,
de frío y del calor, todo; todo,
será arrasado, las vidas de hoy
son vidas que esperan la escatología
sin final.

SOLEDADES EN MI OSCURIDAD

I

Perdí mis pasos, mi cuarto está vacío,
y muy cerca el río Lete, voy a zambullirme
y beber de sus aguas.
La flor que alguien olvidó en mi cama
tiene perfume de adiós.
No tengo en mi mirar aquel arco iris bañado
de vida, no tengo olvido, me siento y estoy
abandonado.
Recuerdos me invaden, hay un silencio
de imágenes engarzadas con grilletes de agua.
Corre, corre tras vanos desencuentros, una
mentira que sale de mi boca, deseando
la paz a tu partida.

II

Te conocí cuando la oscuridad dominaba
al mundo, venías con Nótt aferrando tu
mano a sus pechos.
Llegaste con la noche y la oscuridad,
tu ausencia de luz encegueció mis sentidos
y me aferre a tu nombre dionisíaco,
quedando envuelto en tu oscuridad que
para mí era luz.

III

Hoy tu ausencia son sombras y soledad,
y los recuerdos de tu amor mitológico
hacen que se desgarre mi alma.

Me dejo engañar por una prestidigitadora
que la recuerdo cuando era vagabundo.
La oscuridad de tu ausencia ronda en
mi memoria. Sin pensarlo más, corro hasta el
río Lete para beber el olvido.

TU CUERPO Y TU MIEL

Un cuerpo, un pensamiento, un relámpago
que quema armonías.
Tal vez nadie te conozca, la muchedumbre se
agazapa para atrapar a la zorra.
Las vidas afloran como que ya están predestinadas,
algo pasa en cada corazón,
una comparsa imita a la vida que envuelve lentamente.
La marcha está detrás de la murga, el cotejo se despliega
en honor a lo no entendido.
Tu alma apresó mi alma, sueño tardes abiertas a las
sensaciones.
Un puente y cruzaré tus líneas demarcadas por tantas
cadencias,
romperé un poco tu hielo, cambiaré las arterias y
beberé de tu sangre y de tu oxígeno, comeré de tu
placenta, dibujaré en tus entrañas imágenes
que no son reales.
Como dice Charles Baudelaire:
«Para no padecer el horrible fardo del tiempo que quie-
bra los hombros y los inclina hacia el suelo, uno debe em-
briagarse
infatigablemente. Pero, ¿de qué? De vino, de poesía,
de virtud, de lo que sea. Pero embriagarse».
Cuando más te bebo más deseos crecen en mí
para seguir embriagándome de tu tibia miel etílica.

VIVENCIAS ENTRECRUZADAS

Un sincretismo de palabras y amores que fue
rompiendo momias viejas,
todo se cae ante tu nueva mirada.
En una película puedes ver tu vida,
el viento arrastraba tu alma y se hundían
bajo tus pies un ayer que estaba aún tan fresco
y vivo como el hoy.
Amarraste tus signos y símbolos a una rama
del árbol de moras,
eres tan débil y tan frágil, que te quiebras en
indiferentes rumores.
No sabes que harás cuando la lluvia comience
a marcar con sus gotas toda tu historia de refugios,
llantos, búsquedas, tu cuerpo tatuado en silencioso
frío.
Se escurrirán de tus poros, recuerdos de lo pasado
y de lo que vendrá.
Como señal de ser incondicional amarraste sobre un
frío cenotafio, un mechón de tus cabellos junto
a una rosa que jamás morirá,
este es tu mito, tu leyenda.
Las palabras dibujan tu sacrificio, tienes que elegir
entre una pequeño pájaro rojo o a un príncipe asesinado.

DESNUDA SOBRE MIS HERIDAS

«A veces siento mi sangre correr en oleadas,
lo mismo que una fuente de rítmicos sollozos;
la oigo correr en largos murmullos,
pero en vano me palpo para encontrar la herida».
EDGARD ALLAN POE

Ciega y olvidada en un rincón de un mundo
que destruye.
Secretos y más secretos, pero vientres hinchados
de sueños, es imposible cerrar el corazón en tus
brazos.
El príncipe Nibelungo, te invita a su oscuridad lujuriosa,
pero la muerte te llegó príncipe de los lamentos,
mujeres en cinta no tomen el tesoro del príncipe
porque está maldito.
Corran, corran escapen de las mentiras que carcomen
al espíritu.
Un sueño descolgado de toda lógica se sostiene en los brazos
de un perdedor.
Mujeres amadas en noches de primavera, bailan desnudas
sobre la herida del poeta,
mujeres que son versos de creaciones sensuales,
dejen arder sus pechos.
Dejen que el poeta escriba sobre sus cuerpos la
vida en palabras.

EL AMOR Y LA RAZÓN

Tus labios de besos agrios y lengua de satén,
siento ese frío de abandono, todo mi cuerpo
queda helado.
Dolor de tanto amar sin amor, de tanto besar
sin tener labios.
Mas cuando supe en ese instante que el arco
estaba muy tenso, es muy difícil cazar la liebre.
Muchos solos en parejas, no saliendo ni desafiando
a esta suerte que les toca.
El amor no duele sino que adormece la razón,
lo que duele es el dolor de haber perdido la razón,
todo lo formal se derriba y la cera se derrite en el
calor de tu hogar,
Tengo un amigo que está muerto y mil amigos más
que están vivos y no los quiero ni ver.
La soledad es ausencia del hartazgo, no son celdas
que te aíslan del mundo, sino hace que
un mundo puedas entender.
La soledad de amapolas que intentan robarte
la experiencia de la ausencia, desconoce que aún
sabes amar.
Rehiciste tu mutilado cuerpo interior, armaste las
partes cortadas,
aun cuando digas yo soy, está la grieta, y son mil pedazos
de nuevo.

EMERGENTE

El río cierra sus puertas, mueren las viejas
sensaciones que un día se perdieron en
los horizontes de un desconocido lugar.
Miro ruinas y risas perdidas en el final
de los campos.
Vi caer la lluvia sobre cuerpos desnudos,
famélicos, vi niños jugando a las escondidas
en un cementerio, vi un niño que era yo.
El último en no saber siempre he sido yo,
no se despertaban mis pies para correr,
no volaban mis manos como alas, y un
toque de algo siniestro en la alegría del
día.
Hace décadas que estoy acá parado al
borde de la ruta, soy algo más, de todo el lugar
que me absorbe, mi boca es la boca de un
buitre, mis ojos son los ojos de los búhos
eternos.
La ironía es la ropa de este siglo que arremete
contra mis deseos, y destroza cada céntimo
de mi alma.
Soy una cruz vacía, un dios sin trono, un salvador
sin vida, desde las turbias miradas que me arrancan
el espíritu, es que me encadeno a la tierra que
pisan mis pies, soy lodo y gleba, no tengo forma
definida, soy yo mismo mi recuerdo, soy el que
se reza así mismo.
Soy muchos cuerpos desnudos, soy muchas personas
sin esperanza, y mis muchas vidas se convierten en una
sola, esta que vivo.

MENDIGOS DE VACÍOS

El viento descorre velos que tapan rostros
demacrados de tanto reír,
alegrías furtivas, de dolor, de tierra y de agua.
Sereno el peregrino en su senda, sabe que su muerte
está al final del camino, un camino que hizo muchas
veces y en cada una siempre murió.
Máquinas humanas se quedan sin aliento y
el hastío no lo pueden disimular.
Un eterno dios del Nilo deja que se ahoguen
infieles a su divinidad, pero las sombras de Hapi
se engrandecía como el dios de los dioses.
Simplemente la ausencia de emociones carcomen
el corazón del menesteroso.
Busca un elixir para ser una divinidad, pero encuentra
sed y hambre a su paso,
muchos tirados en el camino de seres finitos,
siempre la vacuidad está presente y deja su
impronta en las mentes de los débiles,
el vacío quita toda forma, desnuda los
prejuicios y quiebra las miserias.
En vano querer mirar más allá del sol,
en vano la vida se pierde en muros espirituales.

FANTASMAS DEL ESPEJO

Las risas se borraron al ver un aguijón, se helaron
las miradas y las lenguas se mezclaron con almizcle.
Las manchas de sangre danzaron en un cuarto pintado
de ocre.
Hay una vez que la voz se llenó de mil voces ciegas,
pero sin nombres, ni teorías, ni perros vagos,
pueden escuchar tu susurrar.
Si mirar y mirar daría algo para seguir siendo uno,
y solo ve que todo es separado por una delgada línea.
Se perdió una vez alguien en sí mismo, un camino
extraviado, dos personas que no saben cómo buscarse,
y adentro y afuera es la dualidad de querer encontrar
ese ayer que tanto modeló mi hoy y que todo está
encerrado en recipientes de porcelana.
Hasta ahora el secreto sigue perdido en las
habitaciones contiguas al alma,
los perros quedaron fuera, esperan para despedazar
las entrañas y robar los encuentros casuales.
Ella llora sobre las camisa fría de algún amor
vencido en los dinteles de las emociones,
la casa helada, la estufa apagada, y un café frío
sobre la mesa, alguien perdió su latir debajo del
sofá.
Quizás un día el llorar sea solo utopía,
quizás uno solo o sola podrá pararse en medio
de un valle.
Quizás uno solo o sola sea el que pueda vencer a
sus demonios.

I

Cae la tarde, cae la noche, cae la vida, cae
para siempre la muerte.
Llegaran bocas sedientas de agua fresca,
llegarán las miradas desoladas para ser consoladas,
llegarán soledades y solo una será la soledad.

II

En los vientos de invierno las obviedades se despiertan,
lejos y más allá se respira escarcha.
Mitos olvidados, amarillos, se escuchan como silbidos
agudos, Skaði, diosa del invierno, tu mito es venerado,
tu error de elección de tu amor, pone en riesgo a los
amores invernales.

III

Miles de tic-tac resuenan en la habitación más
recóndita de la mente, no se detienen, marcan
el tiempo, marcan las heridas del pasado y presente.
Siguen y siguen, soy ese tiempo acompasado con más
tiempo.
Ahora marcan el ritmo de mi corazón, tic-tac, tic-tac,
el frío es cada vez más acentuado, el reloj me marca
su relatividad.

IV

Horas y mil horas, minutos sobre segundos, segundos sobre
la frente, empiezan y terminan, nunca empiezan y nunca
terminan, este frío mes de julio se queda como siempre,
el tiempo siempre queda.

EISOPTROFOBIA

Imagen que me mata, aprieta la mente, no quiero ver
mi futuro en el espejo, no quiero ver quién me persigue.
El mundo de los espejos danza en mi mente,
me escondo para que no verme, pienso que seré un
demonio o un ángel caído.
¡Oh! reflejos muere, la opacidad es la búsqueda perdida,
la mira debe quedar ciega,
veo a mi prima que se baña con los espejos, veo su reflejo
y ella se ama, yo me odio.
Nado en las aguas de fenómenos psíquicos, la palabra
se deteriora, la razón se oscurece en bocas de imágenes.
Soy invisible, un vampiro, un señor de la oscuridad,
mi mundo no es verme al espejo.
El tiempo vencedor, la miseria se desprende de mi corazón
pero se aferra a mi mente.
Me estoy enfermando, por eso quito los espejos de mi
habitación, pues me vulneran y me van a matar.
Me pierdo en el vuelo de mi imagen, y una bruja
me maldice y su maldición me llega, y quedo
convertido en un espejo infinitamente.

NAYLA

Tengo la guerra en mi sangre y en mi alma tengo
la paz.
Busco que me mientan con una verdad, como
busco que una verdad me mienta.
Noche tormentosa, caótica serena, brillosa,
finales y comienzos, la noche se hace cada vez más
luminosa, la maldad sale a ayudar a las personas
que sufren y los buenos se matan entre sí.
Muere silencioso el malviviente, paga un precio
su vivir, la muerte no es feliz por ese ser, un
día hablé con la vida, hablé con la muerte, y
entendí que las dos marchan de la mano a la
guerra, vida–muerte, se perdonan, se aman.
Amé tanto a Nayla que alguien la asesinó, destrozó
mi vida, un maldito psicópata mató a mi amor,
desmembró su cuerpo, Nayla tu sangre está en
el césped del jardín del vecino. Si pudiera a ese asesino
encontrar brindaríamos por tu vida y tu muerte, y luego de beber
la sangre de tus pechos, le entierro mi puñal de barro
en su corazón, la herida en vez de sangre,
emana los demonios que guiaron su maldita vida.
¡Oh! Nayla ¡Cuánto te amo!, y mis manos están bañadas
de tu sangre, Nayla, te pido perdón pero no te quería
amar, solo perderte.

ROSTROS LAVADOS

Infinitos rostros, arquetipos de otros rostros,
clausura tu sol, cada rostro tiene una palabra
mentirosa, solo uno dice la verdad.

Intento escapar de Moebius, intento ver otro
humano, otro que saltó la cinta.
El camino de la roca, en un plano vertical
que se erige como amo de las vida sumisas.

Atravieso el portal, y soy yo allá y acá, quiero
vivir estas dos vida, me desdoblo para poder
ser alguien.

La tormenta de invierno me quiebra, miro por la
ventana y rostros mirando mi rostro,
me despliego de realidades que no sé si lo son.
Quizás mi realidad es estática, me siento perseguido
por esas caras, por esas facciones que endurecen
sus horrorosos rostros.

Bajo la lluvia, una lluvia, muchas lluvias,
lavan los rostros que me perseguían,
ahora los veo tal cual son, y esos rostros
es el mío.

EL SEÑOR DE LA ESCALERA

Mira, un río; mira, un sol; mira, busca tu mirada,
puedes correr, puedes caminar, el cemento te
atrapa, vas por los bares de la zona norte, buscando
una víctima a quien no amar.
Caminas en blanco y negro, con paso aplomado
fumando espacios; no es tu cuerpo, es tu mirada.
El Señor de la Escalera te invita a subir, te seduce
y te atrapa, te dice: sube, sube.
Los hombres te miran que estás con el Señor
de la Escalera, ellos le temen.
El Señor de la Escalera, es la escalera de Jacob,
pero al final de su trayecto, el infinito.
No Señor, ella no quiere subir, no Señor tu
maldad es el principio de la finitud,
ella es Freyra, ella es la diosa de la belleza, eres
el vuelo de los mares.
La herida está hecha, el Señor de la Escalera, se
regocija en las miradas de las áspides, él no canta
ellas sirven su veneno.
La belleza y el odio, la vida y la muerte,
Freyra la finitud te espera si traspasas esas
escaleras, la finitud te destruirás, no subas por favor.
Freyra se perdió en el amor del Señor de la Escalera,
no te la lleves Señor, no la mates.
El Señor de la Escalera es el comienzo, es verbo
y noche cerrada, él es el olvido.

LAS OTRAS VOCES

Con un viento fuerte se escapan las ideas habladas,
el reflejo de palabras sin verbos llegan hasta la sala.
El recuerdo, el pasado, y una simple lágrima que no puede
secar de su mejilla.
La casa grande antigua, fría, el silencio de una redonda que
se extiende hasta el infinito.
La pieza, pisos de parqué color caoba, y en ese piso están
marcados muchos pasos familiares,
las risas, las miradas, el humo, los besos, y ese brindis
perdido en un rincón de la habitación, solo quedan en la
mente inmóvil de un pobre viejo perplejo de tanta vida.
Quedó, sola en la mesa, una taza de café que se enfrío por la
ausencia de labios helados,
por la ventana, ya no llegan más como antes lo hacían los ruidos
de los autos que pasaban por la calle, por la noche, los gritos de
un par de borrachos que se pelean por la calle, llenan el espacio
vacío de recuerdos que emergen de los sueños perdidos en un
saco del pasado.
Ya no más preguntas, ya no más historias, solo aprender
a desaprender la vida, a decir que todo fue ayer y el hoy
quizás no tenga mañana.
Aún el viejo anhela las otras voces que un día llenaron su
corazón de alegrías.
En el zaguán de entrada de la casa, quedaron muchas más voces
que se niegan a entrar.

LAS OTRAS MIRADAS

Ahogadas miradas de un muy antiguo pasado, dejaron de
darle sentido a la vida.
Las paredes están impregnadas de observaciones indiscretas,
un momento más para que lo poco que queda vaya apagándose
como la luz de una vela.
Una lectura perdida en el fondo de un baúl de madera,
un libro marcado en el piso de la habitación, y unas
manos ausentes que dan vuelta sus páginas.
La vida se te fue extraviando como la pieza de un puzle,
un dibujo incompleto, una película en blanco y negro
sin terminar, y una habitación, tu habitación que jamás
habitaran charlas de suaves tés de tazas de porcelana
japonesa.
Tazas vacías, un té frío, el péndulo del reloj que desgarra
siempre a la misma hora y solo uno, tan solo uno,
que capta los sonidos de toda una vida, solo un poema,
escrito por manos débiles, que en él se cuenta
toda una vida, una existencia, donde los que te amaban
perdieron el deseo de estar con vos.
Solo, en tu habitación esperando, esperando antes de la muerte,
una mirada que te arme desde lo más profundo de tu alma.

ROSAS OCRE

Como una antigua película de un pasado muy lejano
y que nunca pude ver el final, hoy ese final lo escribo yo,
lo hago con un final sin fin, donde todas las cosas
caen, donde todo envejece y la vida se mece en un
cordón de emociones, sentidos, besos, una vida en paz.
Miro parado ante un muy antiguo espejo de marco de roble,
que me transmite muchas imágenes, que se van convirtiendo
en películas improvisadas de un tiempo que la risa
era un medio para gozar.
Los personajes van sacando su ropa para actuar, van
dejando esas risas, ese mundo maravilloso, y entran
en mi mundo, en mi vida, en mi realidad.
Me siento en el sofá y miro por la ventana el jardín,
las rosas ocre todavía aparecen y colorean el lugar,
pero hace mucho tiempo que el día no cambia,
siempre gris, olvidándose de mí.
Enciendo una pipa y dibujo con el humo de mi boca
los nombres que más amé en mi vida, dibujo el rostro
de mis sueños que mira a los niños jugando juegos secretos,
pactados por el silencio.
Mientras que uno de esos niños era yo, siempre será así
mi final será pactado con el silencio.

EL SUEÑO DE UN NIÑO

Duerme niño, vive, mañana nadie te conocerá,
hoy te dan todo el amor, mañana será otro amor.
Tiempos en blanco y negro, figuras detenidas,
todo está en cámara lenta, dentro de un segundo
callen muchos minutos.
La prosa se va deformando en las manos de robots de
siempre lo mismo, rutina.
Una explosión, un hombre muere, y el niño
le quema la cara con un soplete.
Niño juega con tus burbujas de jabón, corre entre
las flores, sonríe y no te inyectes ketamina.
Sonríes a la muerte, pero no a tu muerte sino a la
del otro.
Tus amigos confían en vos, tus amigos son odiados
por vos, por favor a la vecina que es una ancianita,
no le hagas nada, no la mates, porque es tu abuela.
Duerme niño, duerme, que el mañana te espera.
Niño, cuídate de tu mamá.

REPETICIÓN

Por la madrugada me despiertan palabras frías en busca
que les de vida, que les llene de significantes y existencias.
No busco la palabra perfecta, todas son perfectas,
todas son futuras imágenes.
El silencio de la madrugada se rompe con gritos de
más silencios.
Madrugada de invierno, el frío viento golpea sobre una ventana
de mi pieza, adentro la estufa mantiene el clima cálido,
mientras
se van amontonando miles de palabras y con ellas creo imágenes
irreales.
Por momentos el sueño me gana, más la melancolía que hace
ya unos días que la siento, me obliga a escribir.
Enciendo mi pequeña pipa comprada en el Cuzco de Perú,
la enciendo con la intención que me guie en este laberinto
semántico, inhalo con sentimiento casi religioso una bocanada
del espíritu de su savia para abrir esa caja de Pandora así
descubrir en ella revelaciones.
Soy como un mediador entre lo real y lo fantástico, me sien-
to un Hermes, la deidad, por su paso entre dos mundos, y
como Hermes quiero enseñar la totalidad imaginaria nunca
imaginada.
Estas palabras me hacen privilegiar lo irracional y lo
maravilloso
sobre la razón.
Ninguna palabra huye, en cada momento se pierden en un
tiempo irreal, en un devenir de momentos y figuras que
danzan
en el alma.

Trato de romper con la lógica, lo dado, la repetición, ellas son más de lo que dicen, pero a su vez no lo dicen todo.
En ellas busco su no–decir, y con ellas creo lo no dicho.
Las palabras son el reflejo de todo un mundo que está en mi mente, reflejo que nadie conoce con palabras conocidas.
Estas palabras son profanas y sagradas que me llevan y las llevo del mundo real a lo fantástico.

AGUAS DRAMATICAS

Me interno en lo profundo de las imágenes que danzan
a mi alrededor, como un juguete de su destino soy
esa títere que busca liberarse de las manos del titiritero
tiránico.
Llevo marcas en los brazos, recuerdos de lo que vendrá,
un pequeño ramillete de violetas para regalar a una
anciana que nunca fue amada.
Tengo escondido en mi pecho un niño que no quiere crecer,
que se aferra a mí para que su inocencia no se rompa,
deje de tenerle miedo al demiurgo de esta pantomima
que dicen que mueve los hilos de la vida.
Si con la vejez llego a ir perdiendo la razón, espero que
mi actual razón no sea una sin–razón.
Ahora bebo un poco de un drama para mi vida, esperando
que al final de todo llegue la comedia del fin.

MUJER, EL HOSPICIO ES TU CASA

Te acercas sigilosamente como una ramera de la
estación.
Caminas en las calles tratando de que la angustia
se aleje de tu vida, buscas el sol durante la noche
y se ocultan los rostros clandestinos. Una botella de whisky
baña tu cuerpo desfigurado por las sombras de la vida.
Ahora besas en blanco y negro, y tus manos de cartón
se aferran a un sueño que nunca soñaste.
Ahora pierdes tu voz de alegría y cantas durante la madrugada
para ser escuchada por los espíritus de la noche, esperando
que te consuelen.
Tu cuerpo esta emborrachado de cenizas con alcohol etílico,
sales a la ruta para hacer dedo a los autos que pasan, no
sabes a dónde quieres ir, solo sabes que tienes que
atravesar muros rojos.
Ves a los árboles como gigantes en guerra que quieren
destruirte, te largas a llorar, tiemblas con frío oscuro,
la ruta está vacía, estás sola en medio de una guerra
interna, la razón no está en vos.
La noches de espantos cuentan las muertes en el
asfalto.
Un poco más y llegan a buscarte, un poco más
y el shock quemará todos tus recuerdos, una vez más
el grito del gorrión se ahoga con su dolor.

LA LEYENDA DE LA AMISTAD

El mundo era una Babel, muchas lenguas, muchas
mentiras.
Lo importante de esto es que no existía la guerra,
pero tampoco existía la amistad.
Las relaciones eran en serie, nadie se conocía,
solo se vivía en un mundo individualista.
Los más cercano a un amigo era la relación
entre padre e hijo.
Un día sucedió algo inesperado, llegaron
al pueblo dos extraños, siempre juntos en mutua
ayuda.
Los habitantes del Babel no podían tolerar esa relación
tanta «infernal», entonces se complotaron para
matarlos, prepararon una emboscada, pero el plan
no sale como esperaban y solo matan a un amigo.
Yace el cuerpo de la víctima en el piso y lo patean,
danzan dando gritos de alegría.
Cuando su amigo se entera de que el otro había sido
asesinado corre hacia el lugar.
Lo ve ya muerto y corre se arrodilla al lado del cuerpo y
comienza a llorar, los asesinos no comprendían que pasaba,
entonces se vuelven a complotar para matar a este.

I

Tu cuerpo y tu sombra no vive en mí, escucho a la madrugada
un coro de niños que deletrean lacónicamente una canción
de las vacuidades de la noche.
Escucho cuando estoy en silencio conmigo mismo,
el ruido de puertas que se abren y se cierran.
Escucho el viento que sopla tiempos y relojes,

alguien proclama caminar con tu sombra.
Escucho la nada misma, problematizando mortales
que estan abandonados por sus hijos.

II

Recupero el instante en la flor, en las malditas flores
de Baudeliere, un beso del demonio llega a mi alma.
Mis demonios interiores, castigan severamente,
mis deseos, ellos me vuelven loco, dominan, toda
la guerra está dentro mío.

III

Me encuentro recogiendo gotas de cuerpos doloridos,
armo tu historia como mosaicos diagramados,
alguien se perderá esta noche,
y no sé dónde estaré.

INTOXICACIÓN

La mujer está intoxicada con ron, los buitres
quieren su carne, ella no comprende su mente
está descontrolada.
Clama ¡madre no me pegues!, decepcionada de un
mundo mecánico.
Ella tiene relaciones sexuales con criminal, ella
se somete a designios infrahumanos.
Clama ¡padre te odio!
No ama su cuerpo, el dolor y la denigración
son desde toda la vida.
Se escapó del padre que quedó tirado en el piso
de la pieza con una herida mortal en el pecho,
de la madre que quedó sin manos,
y del criminal que la sometía.
Ella tiene en su mano un puñal
que atraviesa su garganta.

RITO PAGANO

Esa bilis negra, esa alma que grita ahogada de dolor
y cansancio, la rutina y el sopor de cada día.
Cada día que comienza se enciende la llama color sangre,
la mente ciega, algunos abrazos que no dicen nada,
una sonrisa, una mirada hasta una palabra, todo cae
en el abismo de un caos que destruye sentidos y vivencias.
Nadie llama, los amigos se convierten en perros de paja,
y los seres que se aman te abandonan,
sin fuerzas y agotado el día termina y comienza la noche
donde señores nocturnos sin rostros comienzan a buscar
a su presa.
Una lectura vacía, un poema desgajado en sus palabras,
una música sin armonía, y una lágrima que no lava el alma,
dios o los dioses están ocupados en jugar a ser tiranos de
humanos robotizados y adormecidos dentro de una vida
que no tiene sentido.
Un rito pagano, mundanal, casi divino y casi profano, una meta,
espíritus de niños danzan alrededor de un sufriente que se
ofrece como holocausto a la nada misma.
Un clown dibuja con la sangre del sufriente una verdad
irónica tan irónica como la muerte.

UN AMOR VACÍO

Corre, corre hasta el vacío, recoge esos besos
que fueron tu sendero.
La mirada en lo más profundo, esa mano fría,
y el «te amo» que flota en nuestro aire.
Un día, fuimos esos amantes que les quedaba pequeño el mundo,
ahora digo te recordaré,
por favor no hagas que me olvide de vos.
Al verte te pido perdón, sé que no me oyes
ni me responderás, tu ropa es hermosa,
tu vestido de novia blanco con esa flor
carmín en el pecho.
No pude soportar tu adiós, tu negativa a no
amarme si nos habíamos jurado amor eterno,
pero alguien se cruzó en tu camino comenzaste
a alejarte de mí, y dije para mí, no me dejaras,
la amargura y el odio me consumió, no serás
de nadie, repetía como un loco, hasta que
me fui encendiendo del odio de tu traición
y salí a buscarte.
Voy con el arma que usaré, si me dejas,
enceguecido, lleno de ira, no llego nunca
a tu casa, y cuando llegué, ahí te vi, entré
directamente a tu casa, y te dije, no vas a ser
de nadie, me miraste con terror, y con la fuerza
de un demente te tomé lanzando fuego de mis ojos,
temblabas de miedo, y en ese momento clave sobre
tu pecho desgarrándolo y un gemido tuyo y un último suspiro,
profundice la puñalada de mi lengua, hasta hacerte arder y me
despedí con este beso de la muerte.

RÍO INFINITO

Río infinito donde danzan las brujas de las mareas.
Luces de la gama de los grises, una voz resuena, pensé
que estaba solo, pero no, esa voz habló.
El viento comienza a crecer, árboles mágicos se agitan
dando luminosidad a tu luz, los coros entonan tus
sonidos de agua.
Y sueñan los tambores que se escuchan desde tus orillas,
escúchame y no corras si no sabes nadar, no hay nada
más allá, no corras si no sabes nadar.
Sobrevuelo las aguas de mi mente, esa luz acuosa, libre,
el día del sol, las noches, todo se refleja en un instante,
pero no hay nada agresivo acá, solo un poco de paz
es suficiente para vivir, algunos no quieren la paz, algunos
se ahogan en la guerra.
Mis labios se refrescan en los colores de tus olas, pero
solo traje una rosa, quería darte una rosa,
me siento sobre la arena y divago en la plenitud de la luna.
Dulce veneno, llévame a lo más profundo de esta impiedad,
el río contiene mis límites desdibujados en sus aguas,
y miles de rostros llenos de Nemea se mecen en tu oscuridad
inquieta, lejana, no hay más que este momento cuando los
hechizos comienzan a sentirse en la mente y en el cuerpo.
Madres hechiceras no roben las musas de estas aguas,
no hechicen a los reyes fieles.

PESADA CARGA

Las noches de invierno como esta, me detienen en el tiempo, me roba la vida, y me esconde el día, me sobreviene una duda, me da miedo, me da miedo la vida, el frío lava mi cara.
Es que llegan cada vez más fríos los inviernos, ya la mirada se entrecorta quedando olvidada. Recuerdo cuando era niño, a la nochecita pasaba por alguna casa que tenía la luz prendida fluorescente
y me parecía que era un mausoleo, esas casas frías, habitadas por viejos fríos, esos muebles caoba que mantienen un brillo sepulcral, me preguntaba esto solo esto vivir, me parecía de niño que vivir era para morir en el invierno. Entré a casas digamos clase media, y las veía tan frías esas casas, y sentía un vacío en mis adentros, que hasta me parecía que en ese mismo instante
perdía la inocencia de niño. No sé si tuve inviernos lindos de niño. Quizás por eso me vienen tantos recuerdos a la mente y seguramente muchas cosas más que no llegan a mi mente porque quizás tengan una pesada carga para tolerarla. Al menos en un par de inviernos quise matarme, el invierno congeló mi sangre.

OBJETOS PERDIDOS

Me dejarás despertar durante la noche para amarte,
para sentir ese calor de piel.
Con mis manos dibujo en tu nombre una sensación,
y cuando abrazo el perfume que vive en tu cuerpo,
todas mis emociones se estremecen en un encuentro
de hermosa sexualidad.
Pero perdón porque durante el día te veo como una
extraña, y ninguno de mis sentidos te buscan.
Cada día un nuevo sol, cada sol un nuevo fuego
que se enciende por las noches.
Al final del encuentro todo se evapora, el día
pesa, las miradas concentradas en el piso, como
bebiendo objetos perdidos durante la noche.
Un coro de solo un niño, entona una serena
lamentación, su voz, son muchas voces que
han sido olvidadas en una esquina.
Mírame por última vez, y en mí verás todas las
melancolías de este mundo decadente.
Lo divino que tienes es ser ese ser etéreo que no
demanda devoción.
Conocí a un varón que lo abandonaste porque te construyó
un altar, sé que no quieres ser el ritual de nadie, pero tu sola
presencia invade el alma.
¿Cómo no amarte esta noche?, si mi pensamiento quedó
atrapado en tu mente, y los bañas con tu bálsamo.
¿Cómo no voy a amarte?, si veo que ciegas las rosas de tu jardín.
Pero ahora eres ausencia, gente mecánica camina y deambula
por las calles como fantasma mutilados, más yo estoy acá
como un mendigo, esperándote pasar.

OJOS OPACOS

¿Cuánto suena en un segundo el reloj?, ahora suena, la
mente vibra en cada campanada.
Señor usted maneja el reloj, señor, ojos mecánicos me miran,
por favor haga algo por mí.

Danzo en medio de un Cronos que no perdona,
es la última danza, y Él, no me perdona, alguien grita
te amo, esa palabra te mantiene en un tiempo irreal,
ese grito es la lluvia de tu voz, ese grito es tu piel rosada.

Un viaje más, las estrellas rompen con las ecuaciones
de sus números, el caos comienza en cada milésima de
milésimas
de segundos, es lo relativo que me mata, es un veneno
el que tengo en mi cuerpo desde mi nacimiento.

Mis ojos van envejeciéndose y se van apagando, ayer
era algo hoy soy la nada.

MI MADRE

Con mis manos y con tu vida, qué podemos hacer, las cadencias de las rosas se hacen sentir en todo nuestro sueño, unos ojos ciegos que observan nuestras almas. Necesito por favor tu ayuda, lo mío es desesperado, y me derramo sobre tus pies
de libélula.
Ya falta poco para que pase el tren, no hagas que cometa una locura, me siento sin luz, ahora besa mis pies por favor, quiero que tengamos un hijo y ver tus pechos hinchados de miel, tu cuerpo inyectado en vida.
Ahora veo como se secan las fresias que nos rodean, dígame señorita su nombre, dígame si me esperaba yo no la conozco.
Dígame señorita usted vive en una ciudad pequeñas donde yo pueda vivir con usted.
Señorita esperemos un juicio final, esperemos que nos mojen con su calostro.
Señorita está pariendo un hijo sin madre, por favor quiero un hijo suyo para mí.
Mi madre me mató muchas veces y nunca hasta ahora fui hijo de nadie, quiero ser su hijo señorita.
Pero ahora me tengo que ir a buscar a una madre que me mató o matará.

PERDIDO EN UNA ILUSIÓN

Desde un dibujo en una pared trato de conocer la realidad,
espero que mi cuerpo sea verdad, y con verdaderos colores
crecer en las dimensiones de mi mente.
Ahora no quiero mirar lo que me dice de mi vida, siempre
estoy atrapado en el pasado, no fue mejor, solo atrapado,
y fui viviendo dejando atrás tan atrás ese corazón de
sentidos.
Miro las pisadas que fueron dejando huellas, y que sigue
ahí en ese mismo lugar, la muerte no las borró, lloro con
recuerdos que se fueron, por recuerdos que no existieron,
por recuerdos que clavo en una pared manchada de humedad.
Ahora nada, la banalidad de una vida aventada por las miserias
de este mundo, miserias que se acrecentaron cuando
mi corazón más temía.
Hoy llevo atado un ramo amores perros, cuando deje de
llenarme de vacío, quizás podré correr por los campos
de seda.
Me perdí en una ilusión de rostros mudos y sin luna,
me rescataron los harapos de fieles mendigos de oscuridades
terrenales.
Trazo líneas de círculos sin destino y me encuentro solo sin
destino, sin recuerdos, sin olvidos.
Tengo miedo de desgarrar mi corazón quizás
haya no exista nada.

CINTA NEGRA

Pregúntale a ese dios que se envuelve en sábanas blancas,
cuál es el propósito de este andar, si todo depende de uno,
muchos caminan con una máscara de esperanza y sus vidas
se desarrolla entre rostros desconocidos.
Ahora solo un paso y te caes en el aviso del odio, por eso
no te quedes en tu pasado, deja esos monstruos allá,
para poder caminar.
No quieres mostrar tus brazos porque están llenos de
heridas, y tu sangre escribe los nombres de aquellos que
en otro tiempo desgarraron tus piernas.
Eres una niña herida, sin fe ni salida, tenías una cruz de plata
que enterraste en el jardín de tu verdugo, te sientes nada
en medio de mucha nada, todos con sus rostros de barro
cada día modelando una sonrisa, cada día convenciéndose
de una fe sobre un impersonal manipulador.
Caminas, lloras, corres, fantasías, óleos de dolor,
y un mañana que se quiere desligar de un pasado que
te encuentras viviéndolo hoy.
No importa cuánto tiempo te separa de tu llanto ahogado
a tu vida adulta, es todo en un día, llevas el revolver a tu sien,
y ya no te importa nada, desparramaste flores sobre tu cama
que aún las mantas tienen las manchas de sangre de tu violación.
Alguien te quiere de verdad, ata una cinta negra en la puerta de
tu habitación, después del disparo serás solo una más que la
sumergieron en el río del dolor.

PERROS EN EL RÍO

Percibo ese fresco y suave aroma agridulce de septiembre,
se estremece la piel de pana al sentir tantas sensaciones,
el niño sueña, el caballo vuela, las hojas de otoño
reverdecen y la esperanza que se fue por el valle
para matar una ilusión.
Perros en el río flotan dejándolos en las orillas las olas
de cada segundo.
El error del fracasado atormenta cada día, se postra
en el pasto llorando el día.
Los espíritus del prado danzan con alegría, los espíritus
del sol queman los dolores de los errores de la vida.
Un niño, hermoso niño le da de beber agua fresca
al hombre que yace con su puñal en el pecho,
moja sus labios, el niño no llora, el niño cuenta
minutos de fragilidad.
Una moneda señor, no se muera todavía, beba
un poco más, que ahora decidí llevarme su puñal.
Escuche señor que estoy contando los minutos que le
quedan de vida, si quiere le regalo algunos minutos de la
mía.
Los cuervos rondan el paraíso de aromas agridulces,
en unos momentos podrán comer carroña.
Señor, serás comida para los cuervos, serás comida
para mí.
No tengo padre y mi madre es muy pobre, señor, ella
ya comió a mi hermanito, pues nunca lo amó.
Señor me gusta tu puñal, ahora cuando te lo
saque del pecho, será mi tiempo de comerte
y el tuyo el de irte.

NECTAR DE UN AMANTE

Junto a la tierra de tu voz yacen aquellos que no supieron
amarte, eres como una verde primavera pero en otoño,
almas desnudas se ocultan de tu corpórea figura.
No estás sedienta de cuerpos, ni te vas tras las bocas
húmedas, te quedas a amamantar a muchas niñas,
cada una tiene su padre y cada una tiene su madre,
pero los pechos son tuyos.
Bebiendo agua de jazmín perfumas todo tu cuerpo,
los astros danzan a tu alrededor, y comienzas a parir
tu vástago, el sol comenzó a oscurecerse, las estrellas
se convirtieron en ojos amarillos, la luna se convirtió
en sangre, gritos de silencios se fueron oyendo por el cosmos.
Tu cuerpo es una enredadera que trepa el universo para
abrazar esas nubes que flotan en tu aire,
tus pechos son suaves orquídeas fantasmales, pero por
donde vuela el cóndor, es lo más sensible de tu cuerpo que sufre
dando a luz, tu vientre se va convirtiendo en pájaro de libertad.
Un ser que sale de ti, alguien que eleve sus ojos para volar,
que retorne a las esencias que embeben los sentidos, que
su piel sea dulce y su andar entre el agua y las nubes.
No habrá nunca un tiempo final, no hay fin, más
que el fin de uno mismo, sigue bebiendo de tus aguas, sigue
amamantando niñas, pariendo hijos, sigue alma desnuda
bebiendo el néctar del cuerpo de tus amantes hombres
y mujeres. Deja ahora que todo tu cuerpo derrame ese dulce
que tiene adentro y que comience a brillar a ser adherente,
deja la miel que sale de tus pechos que bañe a todo ser vivo,
deja comer las almendras de tu sensibilidad, muestra, mu-
jer que eres vida. Que solo eres para amarte, lo más bello,
sublime, que un

hombre tiene para su vida. Amaron a tus pechos llenos de miel, antes que a los placeres oscuros.

Aman tu cuerpo, rincón por rincón, porque la mujer es solo para amarla.

POEMA 25

«No puede haber una civilización duradera
sin abundancia de agradables vicios»

ALDOUS HUXLEY

Miradas que se llenan de fantasmas, alguien cubre
los sentidos con un manto de cansadas mentiras.
Solo al despertar estás a un paso de la realidad,
cada día te bañas en rosas fucsias de papel,
no corras de vos misma, el camino nunca lo entenderías,
besas las flores de praderas de madera, y con cada pétalo
escribes poemas ahogados en recuerdos.
Esperas ver campos para que tus sentimientos puedan
correr en ellos, donde cada sensación que tienes
sea captada por el verde húmedo para convertirlas
en naturaleza real.
Pero tus años no retrocedieron como esperabas sino que
fueron creciendo a la par de tu alma, y enjugas tus lágrimas
al ver muchos niños viviendo vidas prestadas.
La guerra lleva y no trae vidas, siempre esperarás
que vuelva, todas las tardes observas como regresan del
campo de batalla miles de rostros ciegos, la ciudad está
callada, gris, triste, monocorde, muy pocos hablan y quienes
lo hacen es a media voz, sus voces también ahogadas
y de batallas perdidas.
La vida transcurre impredecible e imprevisible, pero ya
no tiene asombro, en una esquina un niño de la villa
lustra botas para ganarse un centavo, la calle está desolada,
y los pocos que deambulan son como mutantes de una his-
toria que ellos no escribieron.
Un día más que viene y se va, y todos negocian su libertad por
unas pocas semillas que nunca germinarán.

JUNTO A LAS VIOLETAS,

MIS HERIDAS

Porque de la soledad y el silencio germinan las
flores que no envenenan a la tierra.
Perdiéndome en los montes y las selvas para
buscar a mi amada.
Junto a mi herida y a tu ausencia germinan las violetas
más sagradas del mundo, pero todo te nombra, todo
te perfuma, y de pronto dónde estás.
Si te encuentro moriré, pero si no te encuentro
moriré igual.
Amada sigo tus huellas, sigo tus rastros que convergen
en tus sueños, permanecer en este silencio onírico,
esta soledad arbitraria, vuelvo a creer que te perdí.
Me desprendo de este cuerpo y por los aires voy buscándote,
estoy desposeído de toda humanidad, estoy vaciado de
mi cuerpo.
Las plantas silvestres me dan de sus raíces alucinaciones
de verme envuelto en tus encuentros.

EL CRISTO QUE NO MATE

El loco, el flaco, el gitano, solo en silencio
todas las mañanas pasaba caminando por estas
calles.
No hay lugar en este mundo para el amor, no hay
lugar para la fe.
Las miradas que cruzaban con él, les tiraban dardos
de envidias, odios.
El loco, el flaco, el gitano, amaba los pájaros azules,
nadie se dio cuenta que no era humano.
Pero alguien lo mató, derramó su sangre
en los canteros de la ciudad,
lo único que sé, es que yo no maté al Cristo.

RELOJES DEL PASADO

Recuerdo un pasado que nunca
viví, de personas que estuvieron
conmigo pero nunca las conocí.
Un pasado ajeno me acecha,
busco entre mis conocidos sus
pasados, pero todos tienen secretos.
Vivo una vida que no es mía,
un objetivo que se cae en el camino.
Cierro las puertas de mis profundidades,
los relojes marcan los segundos
más largos de la historia.
Son todos ajenos a sí mismos,
se pierden en complejas experiencias,
un caótico andar sin cadencias, sin
rasgos.
Matan lo vivido por el dolor de haberlo
vivido, dejan sueltas vanas ilusiones,
irrealidades inconscientes forjan
sus rutas.
Soy un presente con muchos pasados,
nunca me acerco al futuro, siempre
soy pasado desde un presente.

SANGRE REAL

En las manos del rey está la espada de la victoria,
¿cuántos caminos recorridos hasta llegar acá?
Todos ignoran al rey, todos ignoran a todos,
solo hay alrededor maquetas de hombres,
solo rostros sin sentidos, para temer a un rey.
Las mujeres de la corte se desvelan por amarlo,
los hombres mueren en la guerra.
Niños sin padres mueren desde el vientre de las
mujeres víctimas de un amor real.
Corre por las calles desnuda, llorando, lacerada
y te gritan los secuaces reales.
El silencio que impone la noche es tan estruendoso
que conmueve al alma, una frase vana en boca
de súbditos de cartón, se entona con avidez.
¡Cantad plebeyos glorias al rey!, ¡gritad plebeyos
loas al rey!...
El rey llega herido del campo de batalla, su sangre
real limpia las calles de la aldea, en todos se refleja
el amor y el odio que su majestad les inspira.
¡Oh Altísimo, sana al rey!, cantaba un coro de niñas
vestidas de negro.
¡Oh rey, perdona al Altísimo si no te cura!, cantaba un coro
de niños vestidos de blanco.
El rey ha muerto, pregonan sus lacayos con lágrimas de
cocodrilo en sus ojos.
La aldea cae presa de la incertidumbre del dolor y la alegría,
un cotejo real va confluyendo por las calles del lugar, cada
uno lleva puesta unas máscara, todas eran iguales.
¡Lloren, vamos lloren por el rey!, grita un verdugo que va con
su cabeza en la mano.

PRESAGIOS DE UN REY

Azotando a todos aquellos que cubren sus rostros.
Los enemigos vendrán a matarnos, los enemigos siempre
estuvieron acá, ellos presagiaban tu muerte, los que
te amaban profetizaban tu victoria. Pero ¿quién te
amaba u odiaba en realidad?
Te afanaste por el oro y la plata, por el poder, Rey Midas,
nuevamente enojas a los dioses y vuelves tus orejas a crecer,
nuevamente te vuelves a lavar las manos en el *Pactolo*,
todavía está tu oro en sus orillas, pero ahora estás muerto
los que te amaban te mataron, los que te odiaban te profetizaban
la verdad.
También tocaste tu alma y la convertiste en oro, tocaste tu
corazón y en oro se convirtió, Rey Midas no sabes amar,
ahora estas muerto ya a nadie le importa tu avaricia.
Rey Midas tuviste miedo a Sargon II, y al final hoy estás
muerto acá, tu espada fue el arma que utilizaste para
desaparecer.
Muy lentamente se va disgregando el necrosado coro del
cotejo
real, muy lentamente vuelven todos a sus casas, no hay alegría,
solo esperar un mañana igual que al hoy o al ayer, siempre fue
así, siempre un rey más, siempre un rey más.

PALABRA NO EXPLICADA

Flotando en el aire quedan las contradicciones de la vida,
contradicciones que nunca se disipan, y quedan como
amarga raíz dentro de uno.
Aún es difícil hallar un punto fijo para entender todo,
el vivir errante de una ciudad a otra, de una noche
a otra distinta.
Cada día pesa más en la memoria las flores que te
obsequié, aún pesa en mi memoria tus viajes sin partir,
cómo no me va a pesar, si la sala está vacía, si los
habitantes duermen hace ya muchos años, y no
puedo hacer nada.
Si entre las lajas del pasillo hay entretejidas imágenes
aletargadas de almas sinuosas que hablan de un amor
que nadie soñó, pero un amor de subterfugios era el
que estaba entre los dos, solo vos y yo sabíamos que
hacíamos trizas a los amores mundanos.
Ahora la mente me acecha por la espalda, respira en
mi cuello, presiona mis hombros, ahora me acecha
esa palabra que no explica ni pregunta ni responde.
El alquimista me dice, nunca podrás decir la palabra
perfecta, pero la tienes en tu alma.

ATMÓSFERA DEL PASADO

¿Qué hay en esos rincones del pasado?, esa antigua casa,
esas maderas caoba, esas vidas impregnadas en la
atmósfera del pasado.
El pasado como sueño, un sueño soñado, de miles
de sueños soñados, buscarse en el ayer pero
en las vidas de otros, en la risa de otros, en las tristezas
de otros.
En un rincón quedan los sentimientos abarrotados del
ayer.
Las lluvias del ayer fueron tan clara su agua, como las lluvias
del hoy.
Habito entre dos tiempos, entre dos vidas, dos edades,
y vivo en la misma madrugada y la misma noche desde
siempre,
tengo una campera vieja, y veo que no solo ella cambió
sino que yo también cambié, mi apariencia es de un hombre
que se va cansando de lo que ve, me veo como comienza
a cubrirse mi cabello de blancas canas, mi barba sigue el
mismo camino.
La sinfonía del Yo me atraviesa hiriéndome de muerte,
la flor se marchita, las plantas se secan, en otoño
las hojas abandonan las ramas y van muriendo de a poco
hasta llegar al piso.
¿Quién ama la mortalidad?, ¿quién ama la inmortalidad?,
salgo a regar mis pies con mis venas, a fertilizar la tierra
que piso, humedezco un puñado de tierra con mis lágrimas
atemporales.
En un hoy tan ahora, tan presente, tan mortal, ese hoy
es mi pasado.

CUERPOS ROZADOS

Una mente enferma roza los cuerpos desnudos,
tendidos uno sobre el otro, ellos esperan
ese beso, esa humedad de plata.
Amaba tanto a su madre que fue la última
que mató, loco, psicópata, psicótico,
alejado, fuera, impedido de poder vivir en
la realidad, un corte con el mundo y un
mundo sin corte.
Audible es el miedo de las víctimas, la sorpresa,
su última sorpresa.
Un psicótico amontona cuerpos para luego
quemarlos.

CANTO A ODÍN

(coro)
«¡OH! «Señor de Asgard y del Walhalla», no nos dejes
morir en la ignorancia, ven dígnate a rescatarnos.
¡Oh! Venerado Odin, mago eterno, el dios de dioses,
nosotros venimos de Ask y Embla, por eso te rogamos
piedad».

Venerado Odin, escúchame quiero saber dónde estás,
quiero ir a tu presencia a rogarte que detengas a los
dioses que nos castigan.
Tú eres el dios de todos los dioses, el creador ten piedad
de nosotros Señor.

(coro)
Odín eres el dios más sabio de todos, pero aun así tuviste
que pasar y superar unos ritos iniciáticos tormentosos. Tu-
viste que sacrificar tu ojo derecho para beber del pozo de
Mimir y poder acceder así a la sabiduría universal.

Venerado tú eres el poeta de los poetas, bebiste de la hidromiel,
y todos los versos perfectos salieron y salen de ti.
Sabes el pasado y el futuro, pero nosotros somos
débiles ven montado con tu veloz Sleipner, y nos salvaras.
Ten misericordia por nuestros niños, gana esta guerra nuestro
Dios guerrero.

(coro)
Guíanos a la victoria, Señor Odin,
sálvanos no te olvides de nosotros en esta guerra,
tu guerra Señor.
Guíanos a la victoria.

ESPECIE PERDIDA

Siglos sobre siglos, tiempo sobre tiempo,
las gárgolas no perdieron sus rostros sino
que siguen con su perturbador silencio.
Los muros sagrados que son eternamente
custodiados por ellas, también son las
almas perdidas que buscan otras almas para
ser uno.
¿Quién pierde felicidad?, ¿quién se aleja de todo mal?,
corazones de gárgolas, que desfiguran los muros
de la mente, que pierden el alma en los caminos
de reliquias perdidas.
El nada humano hombre hace llorar a la tierra,
sus dardos llegan al corazón, somos tiempo
de una especie de dolor.
Come almas y sueños de aquellos que olvidaron
ser humanos.
El horror siempre fue, el amor también.

LLUVIAS Y PRESAGIOS

Contemplo la lluvia con su rostro transparente,
y camino bajo ella, con mi rostro de agua.
Un lejano coro envuelve esta tarde lluviosa, veo que
se va acercando un cotejo, lento, muy lento se desplaza
por la calle empedrada donde casas mustias formadas
una a continuación de la otra, son las que marcan una
lluvia de presagios y marchas tristes no cantadas.
No hay dios, no hay vida, no hay flores para muertos,
solo pobres hierofanías, que busca revelarse.
Hombres lentos, andrajosos, viejos, marchan
con un estandarte de la libertad sin ser libre, los años
les pesan, muecas en sus rostros demudados de tanta
cruel realidad.
Mujeres estériles, con sus pies estropeados, sus vientres
caídos y desgarrados por partos abandonados, lloran
lágrimas paganas y embriones perdidos.
Oigo los pasos del cotejo pisando agua de lluvia,
se acercan al cenotafio del recuerdo al olvido, donde
recitará la voz de la vida.
En medio de este húmedo gris de este momento, las
imágenes surrealistas se clavan en mis ojos, niños olvidados
por el mundo vienen a lo último bebiendo el último sorbo
de calostro de una perra preñada.
La tarde descorre los sonidos acromáticos y diacrónicos
para silenciar tanta cultura humana.
Cierra la tarde y va abriendo la noche, pero en las
piedras de la calle queda escrita con agua turbia de lluvia,
las escenas que nunca se olvidan.

GEMIDO PERDIDO

Ojos llenos de silencios inconscientes, mentes
enturbiadas por pactos familiares.
Nadie habla, nadie seduce, nadie está feliz,
el hogar es solo una casa con infelices habitantes
que se muestran al mundo con hipocresía,
solo ellos saben los mal sanos momentos de vivir
entre sí.
No hay besos sinceros, es solo el miedo dentro del
corazón, es el dolor del alma, del cuerpo, de las zonas
heridas, de un entendimiento perdido en la fantasía
de que todo tendría que ser otra cosa.
Pero las marcas de la realidad apuntan a clavar
el puñal del abuso sin piedad.
¡Oh!, niña, con cuerpo lacerado, no bebas el veneno
del ofidio, la muerte no es la solución, le estaca no debe
entrar más en tu cuerpo escrito de odios y dolores que
tanto años te imprimieron sin pensar en tu infancia.
Los que saben, no saben, miran un punto, todos callan,
el silencio deformado de un pacto entre habitantes,
una vez más y no quieres quedarte sola, temes el momento,
solo un gemido perdido de asco y angustias a la vez.
Señores la niña no es más ella, es solo un momento karmatico,
y el llanto queda reprimido ahogando las entrañas.
Adiós niña ahora eres una libélula, eres una magia oscura,
un valle sin vida.
Niña, ahora y siempre lo serás.

MANOS DE BARRO

Presa, invadida, atacada, y las manos de barro,
cuánto más para vivir, para sentir, para amar,
un rostro subjetivo, la observa desde la ventana de
su cuarto.

Tantas miradas que la inercia llena corazones rebeldes,
una paz ficticia, un mundo fantasma, el ser humano cava
su fosa, y entierra su sangre, no te mimetices con esta
religión, no existe lo predestinado, las figuras son de hoy.

No mires que la libertad se aleja de tu vida, nunca hubo
libertad, estamos presos de este encierro de bronce,
pero muchas sombras, muchos demonios que tenemos
en y dentro de uno, que nos atormenta y llenan de sombras.

Tus pies en el barro frío calmando el fuego de ellos,
ayer mataron a tu hermano, pero lo vives hoy,
la manera de no fallar en el camino, la manera
de girar una y mil veces.

Ayer mataste a tu hermano, pero no sabías
que vos eras la criminal, y hoy lo has vuelto a matar.
No llores en tu claustro de locura, nadie te entiende,
nadie sabe nada de ti.

LA CRUZ EN EL FUEGO

Brilló de pronto la oscuridad, y los ojos se apagaron,
hay muchas cosas que no ver, hay poco que mirar,
tantos años ciego hasta que entendí la verdad.
Quién es una luz, si todos somos opacados
por la oscuridad, pero igual aunque no pueda
verte, en medio de esta oscuridad te buscaré.
Te conozco por foto, te vi en mis sueños,
y si no estás aquí te crearé.

Quemé mi cruz de madera con su cristo crucificado
para darme luz, apenas vi, el puñal de la rosa
me atravesó el pecho, siento como mi vida se va
esfumando y no puedo verte.
Sácame el puñal, que siento llorar a un bebé,
riega mi sangre sobre él, roba almas para él.

Amo esta guerra, donde los proyectiles no me
dañan, amo la oscuridad no querida ni amada,
pero cuando mi tregua se oscurece, no habrá
batalla final.

1

Era niño y en esa noche me sentía muy raro
en mi mente,
sonidos de guitarras desafinadas me parecían
escuchar.
Era adulto y en una noche me sentía muy raro,
pero esta vez era una noche de perros,
mis carnes dolientes supuraban y no había
cura para ellas.

2

Tengo a la soledad apuntando a mi cabeza como
un revolver, espero el disparo, espero no perderme.
Ahora estás muy lejos de nuestra casa y vagas
por las calles pidiendo limosnas entre los autos
de una avenida.
Tus mejillas ajadas del frío, tus manos percudidas
de tanto revolver la basura buscando qué comer.
Un poco de alcohol embriaga tus sentidos,
y te intoxicas y danzas como una insana mental.

3

Te perdí en medio de una multitud perversa,
justo en la escena del crimen, mi cuerpo
tirado y destruido no aguanta las noches
que me matan.

4

No sé a cuánto estamos lejos, pero si salgo
a buscar, mis pies se quebrarán,
las noches duran veinticuatro horas,
y nunca será de día, y sigo arto de llorar.

DESPEDIDA ETERNA

Un manojo de tristes ausencias claman salir
de su arcón de la memoria.
Solo una herida y el resto será todo vano,
de ella se verterán solo gemidos de gorriones.
Nada es tan cerca ni tan lejos del alma que
trata de amar, no amar es un rostro que
se desfigura a cada paso que se da.
El mañana esperaré que llegue sin estruendos
ni estridencias, mañana será como un hoy,
o quizás como un mañana inesperado.
Los fantasmas no se detienen, siempre
giran alrededor de uno, los muertos siguen
en pelea con los vivos, y nunca se podrá
dirimir nada.
La luz, siento como hiere mis ojos, me perdí
en una despedida eterna, sin saber decir adiós,
sin saber qué será del día que vendrá.

TIEMPO OLVIDADO

Niño, busca alimento,
tus pechos tienen leche tibia,
es tu hijo.
Desgarra tu ropa, en medio de una guerra
de porcelana,
ya está, vive el día,
no tienes memoria, el hombre
busca a su hijo.
Niño succiona fuerte el pecho de tu madre.
Ella está de viaje,
se olvidó de ti,
y hasta que regrese en primavera, no la verás,
el río cubre agonías de cartón,
y tu rostro se convierte en esclava.

POEMA EN UN BORRADOR

1

Soles de medianoche convierten el agua
en licor, y hablando de sus rostros humanos,
nadie escucha, el trago es áspero.
No deja desierto los alrededores de la
ciudad, y nadie encuentra aquello
que es evidente.

2

Esa calma que va desapareciendo del rostro
de ella, su humanidad se desborda en ardientes
actos.
Un vuelo raso es la única posibilidad de ser paloma,
despojarse de su vestido de reptil, y dejar desnudo
su cuerpo.

3

El hombre se desprende de su semen rápidamente,
en las veredas de las viudas, marca fronteras
que nunca se respetaran.

4

Él lleva un su mano un ramo de niños no nacidos,
escribe en la puerta de su amada, y se arrodilla
a rezar.

5

Un poema en un borrador se lee en su tumba,
las palabras no son vacías, y destilan
sueños, de creer y olvidar.

6

Tu pollera tiene sangre de tanto amar,
tus piernas rozadas de tanto amar,
tus historias terminan al amar.

FIGURA ANACRÓNICA

Las palabras que me dejaste escritas en un
papel, hoy, está amarillento y muy borrosas,
son palabras de alas de mariposas,
son pensamientos de mujer dolida y
desenamorada.
Surco tus líneas, y ya mis ojos van perdiendo
luz para poder leerlas,
aunque han pasado años de esta escritura
aún me parece que todo es un hoy.
No dejaste hijos ni niños adoptados,
no dejaste tu perfume en mi almohada,
no dejaste ni una foto para mirarte,
solo tengo un dibujo de tu figura
anacrónica que me hace formar tu
rostro y tu cuerpo con una imaginación
forzada.
Los recuerdos que quedaron son los que
también te has llevado contigo,
cuando juntos pisábamos la hierba
de las praderas del sur, o cuando
amábamos el vuelo de las gaviotas.
La sombra de tu luna quedó estampada
en mi cama, un pequeño y minúsculo
te amo se fue encogiendo de tanto dolor.
Los días que han pasado en todos estos
años fueron de líneas trazadas en el
aire que un día respiraste.
Cuando me preguntan por ti, solo
decía que me amabas en la distancia,
hoy mirando hacia atrás, la distancia

que yo expresa es una cuerda que se
fue cortando muy de a poco hasta
que el abismo logró subsumir en la
espesura de su adiós.

ALMAS POBRES

Sueñan historias, abrazan presentes volátiles,
la pobreza invade sus almas,
escriben muchas plegarias sobre muros de concreto,
dibujan caras nunca vistas.
Niños huérfanos buscan ser amados,
mientras humea un cigarrillo en un cenicero, los
amantes esquizoides se encuentran detenidos en
una búsqueda, llueve sobre la ciudad una lluvia
de otoño.
Cuando sopla un aliento desquebrajado que
recuerda a un águila que gira en torno a sus
deseos.
Son las cuerdas de un triste violín las que suenan
solo para unos pocos, yo voy muriendo con una
muerte de lunas de sangre.
Espero que pueda entender las miradas echadas de
mentes estrechas.
¿Dónde quedaron las poesías escritas en mi cuerpo?,
solo las frases agónicas de un poeta que no vive
en una realidad ordinaria.
Humanos sin cuerpos divagan entre un escenario
cuya obra jamás tiene fin, actores improvisados
actúan incoherencias frustradas, en el parque
de un loquero, los rosedales no tienen rosas,
sino margaritas con espinas, un pobre loco
pide en la calle un cigarrillo o una monedita.
Bajo el agua otoñal mi padre es velado sin nadie
a su alrededor una bandera cubre su ataúd,
y en medio de tanta insania el amor es una palabra
sin rima.

VIDA DE PAPEL

A veces pienso que mi vida es de papel,
la razón es débil, los pensamientos errantes.

Todo es ciclotímico en mí, siento cosas opuestas
a cada instante.

En una vida, sin sincronización,
perdida y desencontrada.

Desesperación de locos, cantos de sirenas,
nada tiene una opción real.

La mente pide agua, la sed abarca horas,
la sangre no se coagula.

FIGURAS ABSTRACTAS

Viejas paredes teñidas de manchas de recuerdos,
todo imperceptible, lugares, rincones,
muebles viejos, una mandolina olvidada
sobre un sillón.
Pisos de parqué opacos, y marcados de pisadas
de años de existencias, flores secas en un florero
de cristal azul y ojos deshabitados sin lágrimas
de tanto llorar a un destino incierto.
Aprendiendo a amar en el desamor,
capaz mañana muera, y me entierren en el fondo
de esta antigua casa donde vivieron mis ancestros.
Las sonrisas dibujadas hace décadas por niños
alegres hoy tienen pena, y los espejos bruñidos
en una habitación lúgubre, reflejan los
fantasmas que habitaban el lugar.
Ritual de sangre para escribir nombres en hojas
de papel, y un amuleto sagrado que pende
sobre la pared.
Los dioses de la mente se embriagaban cada noche
para poder celebrar sus ceremonias de olvidos,
en medio de todo, yo, en medio de las estaciones
vacías, yo, en medio del desierto, mis recuerdos,
que no son míos, son de tantos que amaron
estas paredes rústicas.
Bajo un mosaico un papel con una escritura poética,
poesías del desasosiego, poesías del dolor y la
alegría que se mezclan entre adjetivos y verbos,
escritos en letras mayúsculas.
Revivir pedacitos de experiencias en cada paso,
donde poso la mirada hay una figura abstracta,

que me mira y me habla, son palabras ya mencionadas
en este mismo lugar, son palabras emotivas que no
tienen rigidez.
Un niño en un cuadro colgado en una pared,
con una sonrisa inocente mira hacia adelante.

EL NOMBRE DEL PADRE

Soy ese niño, hoy adulto con la sonrisa robada.
Una galería de pasados se amontona en mi mente,
con tintes de ausencias verdaderas.
¡Padre, si hoy vivieras!, solo vi tu final
y te sueño cada noche, vivo, erguido,
pero todo, todo es un sueño, dentro de otro
sueño que es la vida.
¡Padre, no camines tan veloz!, que tu historia
un día será olvidada, no corras, no te hieras
con tu nombre.

LA ESPERA SIN ESPERANZA

Esperando la llamada del verdugo,
recorren las calles más amargas
los caminantes de esta soledad.
Esperando la llamada del verdugo,
los olvidados se inmolan en ardientes
aguas de azufre, los genocidas
piden perdón sin arrepentimiento,
los muertos claman vivir, pero
los cielos y los infiernos los consumen
sin que exista un salvador.
Esperando la llamada del verdugo,
ponen sus cabezas en guillotinas
intemperantes, los ojos se vacían
en bandeja de plata y se sirven
como manjares a reyes y gobernantes
de turno.
Esperando la llamada del verdugo,
las risas se congelan de dolor,
el llanto es ácido y la sangre
se petrifica junto a sus venas.
Esperando la llamada del verdugo,
el cigarrillo se consume en los labios
de un leproso, la piel se irrita y se
la beben con el plasma de un
cuerpo decapitado.
Esperando la llamada del verdugo,
las mujeres se desnudan y laceran
sus pechos para que brote agua
tibia para los condenados.

Esperando la llamada del verdugo,
estoy yo y vos con un canto perdido
entre ángeles caídos, un dios perverso
y una promesa que jamás se cumplirá.

PALABRAS ANTIGUAS

Palabras antiguas que llenan espacios de rostros
demudados, antiguos versos que un día
fueron escritos con una pluma viva.
Pero de dónde viene el miedo a morir,
miedo al abismo, pasión discordante,
soy sangre eterna en mis congéneres,
un espacio de cristal me encierra
para que no entre en una amada guerra.
El paso es lento pero seguro, en mi
habitación se refugian espíritus de
aquellos que ya no están.
La oración a un dios que no existe
perdura entre sonidos y voces.
Viejos y nuevos amaneceres se
comunican entre ellos.
Pero no sé distinguir entre un ahora
y un después.
Dejo una mirada a las cosas que me
rodearon hasta ahora,
un nuevo amor sufre por mí,
y con una euforia maníaca,
corto mis venas con esos poemas
que siempre laceran.
Mi deseo después de irme es deseo
del otro, mi lenguaje es monótono
pero audible.
Un niño tiembla de frío en la calle,
y yo olvidado de mí, trato de entibiar
sus manos pálidas.
No hay partidas, ni venidas, el reloj
marca un paso más y se detendrá
cuando yo no esté acá.

VIAJE ONÍRICO

Mis sentidos y mi cabeza se parten al paso de
un reloj de antaño, cada segundo marca
menos segundos para la vida.
Alguien grita sin violencia, desgarra muros
de otoños, un día más de gemidos internos,
un espacio entre los espacios dice muchas cosas,
otro reloj de porcelana, apunta su flecha al corazón.
Las historias que me contaron de niño, ya no tienen
sentido, pasó lo mágico, se perdió cuando la realidad
se hizo presente.
La picadura de la serpiente dejó el veneno en lo
más profundo, el narcótico no tiene poder,
solo duerme la conciencia, pero al despertar
todo sigue igual, la madrugada responde a un
nuevo día, mis ojos se entreabren y el viaje
onírico llegó a su fin.

SIN AMANECER

No hay simplezas, ni palabras sencillas para conjugar,
una mirada que no mira, una boca que perdió el
habla mirando a los perros de la calle destrozar
un pedazo de carne de un menesteroso.
Sentado en un cómodo sillón mira como las
imágenes se detienen lacónicamente.
Un hijo de Zeus recorre el ambiente con una
espada para destruir todo espectro profano,
con el entendimiento en medio de un caos, la
vida carece de sentido, los Mefistófeles rodean
el cuarto tratando de ganar esa mente sin
sueños.
Esperar un amanecer que nunca amanece,
y una noche que se apuñala para no vivir
el miedo de la oscuridad.
Una misa de sangre se celebra en una esquina
de la ciudad, y todos veneran a ese dios
distraído que solo piensa en castigar a sus
infieles.
No hay pasos seguros, ni seguridad en detenerse,
el frío acobarda hasta al más fuerte,
y el aliento se asfixia en búsqueda de una
libertad no verdadera.
En los escombros lloran niños recién paridos
que han sido abandonados por sus madres
que han cortado el cordón umbilical con sus
dientes, ellos tenían nombres antes de nacer,
pero no eran queridos en esencia.
La vida se tiñe de angustias cuando todo
se ahoga en vivencias espurias.
Ahora trato de conciliar un sueño que
nunca se sueña, y que nunca se vive.

DESEOS DESENCONTRADOS

Beso la rosa que sale de tu boca y que roba
mi aliento de agua, me embriago de un estigma
que dejas en mi cuerpo sin poder sanarlo.
Un espíritu perdido se hace el vocero de tantas
noches tuyas lejos de mí.
Un sordo gemido vuela de la palma de tu mano, y entona
una marcha que se quiebra bajo miradas disonantes.
Soy un alma que no recorre tus caminos, soy una
figura que no tiene entidad en tu vida,
mi cuerpo y tu cuerpo desnudo se erizan en la
oscuridad de mi cuarto que está plagado de deseos
desencontrados.
Algo detiene tus movimientos ondulantes estando
arriba mío, mi eyaculación calma tu sed de amor,
y con ella miles de rostros aparecen en tu cuerpo
pálido y lleno de sudor.
Nos mira un curioso, tu esposo, que se excita en el
roce de nuestro cuerpo, en mi penetración a tu vida.
Casi silencioso él se excita al mirarnos como devoramos
nuestros orgasmos.
Tus piernas se abren a disfrutar la pasión sin amor,
la imagen de nuestro coito es un andar en las brumas
de un deseo de cuerpos.
Las horas pasan entre gemidos de gorriones, entre
diásporas eternas, te beso entre tus piernas
y tus pechos se erizan morándose sin que lo
puedas dominar.
Mi semen llena tus huecos vacíos y con él escribes
poemas con nombres mortales.

Te sientes bebida, y tu amargo sabor erotiza mis
sentidos.
Tu boca se llena de blancas vidas que jamás
podrán existir.

MADRE ESCLAVA

Palabras de cristal, talladas con antiguos besos,
una fuerte tempestad arremete con los deseos
de una madre que desfallece con sus hijos en sus
pechos.
Un amor que anuncia un destino y que todo lo dicho
no amedrenta a nadie.
Esas manos que van perdiendo el tacto de la vida,
siguen sembrando rosas para su duelo.
No hay desidia, ni melancolía, el cansancio
agota su vida, muy pocos dicen que te aman
y todos huyen de ti sin antes herir tu corazón.
Madre, sueña con tu universo de hijos que aman
a la libertad.
Madre–esclava miras tus marcas en tu cuerpo
y las heridas supuran muerte.
Hijos de esclava perdidos en gigantes ciudades,
devorados por un destino sin futuro, hijos sin
nombres y sin padres, rezan a un desconocido
dios que solo vive para violar los espíritus
quebrados.
Aun así madre sigues pariendo huevos cigotos,
que escondes debajo de un camastro de paja seca.
Madre que no conoces la libertad, que aun siendo
libre sigues esclava.
Tus hijos no te olvidan, porque ellos también
son esclavos de la vida.

ABRAZAR LA NADA

El ruido de la calle golpea mis oídos, una vez más, mi
habitación vacía, una vez más se opacan las flores que
siguieron tus pasos.
Ahora es cuando las palabras no tienen sentido, cuando
sangran los besos que te dejé, y esa gran melancolía
que toma mi vida y hace que todo mi mundo se centre
en un vacío.
El piso tiembla como mis pensamientos, no abrí
la ventana porque aunque haya luz no veré nada,
no hay plegarias, ni dios que consuele mi desesperación.
Giro en una especie de tormenta de viento, mis manos
van desapareciendo y me siento como si me desintegraría,
tengo un velo que tapa mis ojos, tengo un tiro en la sien.
No habrá ni despedidas ni adioses, tengo un estigma en
mi cuerpo, recuerdo cuando vendé tus muñecas,
cuando tu sangre nos unía en una rosa roja.
Si tuviera fuerzas, para correr en busca de una
calle que me dé una pista de ti, pero mis fuerzas
se fueron cuando comencé a abrazar la nada, cuando
comencé a llorar en vez de reír, cuando comencé
a morir en soledad.

EL REGRESO DE CENICIENTA

Cada paso, un tramo más, desaparezco y vuelvo
a aparecer, soy ese minuto fugaz, que nadie percibe,
en mi mano derecha amanece el día, y en mi mano
izquierda desaparece el cielo.
Corre Cenicienta, que tu príncipe es un sádico,
corre Cenicienta, que la Bestia se escapó de
otra historia y ahora te quiere a vos.
Nunca cambiaste, no te asienta ser princesa,
siempre serás la misma, tus hermanas te
quieren matar.
Buscas en cada rincón a un príncipe blanco,
pero solo el negro siempre encuentras,
no te queda bien hacerte la víctima, deja ya
de soñar con zapatos de cristal, sueña que puedas
tener donde dormir en cualquier cueva,
porque no es para vos la nobleza.
El príncipe de la Bella Durmiente vino a tu historia,
trae el corazón de la Bella, y también quiere el tuyo,
corre Cenicienta, que a las mujeres acá no se les
admiran, corre Cenicienta, que pronto estarás en
la lista de femicidios.
Deja todo y vuelve a limpiar pisos, fuiste nadie, eres
nadie y siempre nadie serás, tu príncipe es tan abusador,
igual que todos los que amaste.

VICTIMA Y VICTIMARIO

El tren se va, y yo me quedo bajo la lluvia,
los retornos nunca son buenos,
la flor se seca con el tiempo.
Con mi equipaje en medio del andén,
nadie vino a recibirme, y el único diablo
que vaga por las vías se escondió cuando
me vio.
Los nubarrones negros cada vez más cerca,
los pasillos vacíos, el mendigo que come el
pan de las aguas, es el mundo que me rodea
no sé si es realidad , pero sí sé que esta
es mi realidad.
La sala de teatro está vacía, y los actores
que se disfrazan de personas para caminar
por las mojadas calles.
Hace años que llueve y yo sigo aquí,
muchos trenes, muchas lluvias, muchos
pasados que rumorean dejadez.
Mi miedo es el miedo del veneno,
ahora tengo miedo, antes no era así,
estoy cansado de tener muchas noches
de perros perdidos sin saber dónde ir,
ver ausentes que están presentes como el aire.
Los años han pasado y yo aquí siempre en el mismo
lugar, siempre las mismas caras, pocas sonrisas y
nada de vida.
Un día cualquiera el cielo caerá como una
hoja al mar, aun así sigo siendo el victimario,
aunque yo sea la victima de abandono.

REPETICIÓN

Altas horas de esta noche repetida, una canción
que habla de estar aquí, y yo estoy aquí viendo
pasar la nada.
Es simplemente un número escrito en la pared,
el número perdido, solo se esconde en los armarios
de ideas calculadas.
Un mensaje en cada cantidad, lo perfecto no existe
acá, en las playas del universo quizás lo perfecto
sea palabras y números verdaderos que aún nosotros
no conocemos.
La milésima de la milésima de segundos contingentes
encadenan labios mortales, lo imperfecto se vacía
quedando sin forma y sin vida.
Una vez más los números paganos se encuentran en
cada calle, solo ellos saben quiénes son, ellos saben
como construyen el mundo con su poder y fuerzas,
con guerras, odios, muertes.
Todo se repite, yo me repito y me cuento las veces
de repeticiones que hago en acto, todo cambia
pero siempre es lo mismo.

RAPIDEZ DE VIVIR

«No sé vivir los tiempos buenos, por miedo a que aparezcan
de pronto los tiempos malos y no sepa que hacer».

Todo pasa tan rápido, es como un libro de cuentos, pero la
vida tiene un ocaso un fin
las rosas de otoños se han secado, las mágicas
tardes de mi infancia se fueron convirtiendo
en reales problemas.
Mi padre era el héroe de mi vida, hasta
que un día cayó el héroe y hoy me doy cuenta
cuánto lo extraño, quizás algún día mis
hijos me extrañaran a mí.
Los inviernos no eran tan fríos como los de hoy,
mis ojos de niño capturaban en todo solo la
inocencia.
Mi pobre hermana que murió de cáncer,
no la extraño, fue solo un estado más
en la vida de uno.
Mi madre, le comenzó a pesar la humanidad,
y yo comencé a pensar en mi humanidad,
aún veo en un jardín lleno de flores a mi abuela
cuidándolo y a mi abuelo regando las margaritas.
Tantas cosas para mirar hacia adelante sin que
el pasado te llene los ojos de lágrimas,
tantas cosas incomprendidas, tantas horas en faltas,
solo, ¿para qué?

ELLA

Ella es un beso de luna, amaba al sol, pero pasó a ser
la mujer de la luna llena.
Ella es la palabra que liga a todas las palabras.
Ella guarda sus secretos en frascos de oro.
Ella se baña con agua purpura para colorear su cuerpo.
Ella es la luna, y en mi mente es el universo.
Ella dejó de existir cuando no la quise pensar más.
Ella se desvaneces en las cuadras de nieblas y humedad.
Ella navega en el frío océano, navega lejos de toda multitud.
Ella pierde sus sueños en una escalada del mar.
Ella entrega su corazón latiente en las manos de una gitana.
Ella es el pasado y el futuro, y deja que los agoreros y adivinos
le digan toda su vida.
Ella endulza las amargas aguas, y derrite los glaciales antiguos.
Ella es la nada misma dentro de un cuerpo de cobra donde
nadie ni nada le puede quitar su veneno, porque ella es veneno,
y es el antídoto, pero también es la muerte y la vida, lo oscuro
y lo negro, el cristal y la roca.
Ella vive sin amor, pero es amada en cada minuto de su día.
Ella camina sobre las aguas, y hace milagros nunca vistos,
Ella enseña a amar, pero no da amor.
Ella es la mismidad eterna, que debe ser buscada para amarla.

TRONO DESNUDO

Tus manos vuelan como pájaros azules, y de tus
líneas mil figuras con sus nombres, figuras nunca vistas,
entrelazadas con esas imágenes de tu niñez.
El rocío es un sueño para no despertar y vivir
el sueño de la vida, tu corazón atravesado por
una flecha, las matronas te miran con odio.
Cansada en desmayo y desmayo, cuentas
tu dolor mortal y lo sumas a muchas muertes
más.
Los milagros salen de tu boca y de tus ojos destellan
centellas de juicios hacia todos los profanos de tu
altar.
Creas vida de monstruos humanos, de enfermos dictadores,
de sangre azul, creas nuevas horas y nuevos días,
con el barro modelas felinos, pero con tu saliva creaste
a dioses ciegos para que te obedezcan.
Te conviertes en aire, en ave mítica, en espíritu
corpóreo, en mí y en dioses, tus sentidos y sensaciones
se acrecientan en cuerpos de agua.
No dejes tu trono desnudo, sino morirá todo
lo que está pendiendo de tu endiosamiento.

CORRIENDO EN LA NADA

Emerjo de las profundidades de la tierra,
emerjo a un mundo que está alienado,
el camino del solitario está bloqueado,
se llena de cadáveres de tanto andar.
El frío cala mis huesos, y mis ojos ya no sonríen,
se cubre de fantasmas de todas las épocas,
son el recuerdo de otras historias.
Yo muero en todas las épocas, mi cotejo es de
flores azules, sus pasos marchan como un canto
ancestral, como el recuerdo sin memoria, como
las venas sin sangre.
Estalló en mi pecho la estaca de madera del diablo,
mi sangre corta el veneno de la serpiente,
pero yo también necesito el suero antiofídico.
Espectros eternales dan vuelta en mi mente,
mis pensamientos son el eterno devenir y mi alma
se enfría cada noche y cada mañana.
¿Cómo caminaste lejos de mí?, si lloro es porque mi
memoria me traiciona y no puedo evitar recuerdos que
trato de olvidar, si no respiro es porque las flores
me hacen caer y tener una sensibilidad delicada,
perfecta.
Por favor no me dejes correr en la nada, no pises
caminos falsos, muéstrame el alma que pensé que
me amaba.
El frío de mi ser se quema con el hielo, ¿qué más puedo
decirte?, ¿qué más puedo hacer sino es rogarte?,
¿qué más puedo demostrar de cuanto te amo?,
¿qué más puedo hacer si de mis manos brota sangre?
No puedo gritar porque me ahogo con mis vómitos,

no puedo convencerte si borraste mi nombre de tu
espalda, puedo cerrar el círculo ahora.
En mis manos tengo tristezas no deseadas,
EL DEMONIO DE LOS RECUERDOS

en mis piernas el cansancio de toda la vida.
Tengo ahora un nombre perdido, debilitado
gastado porque no se puede ni pronunciar,
en la vida anterior el que se iba era yo,
y en esta vida soy el que se queda.
He envejecido, y ya nadie me conoce,
el demonio de los recuerdos ganó
la batalla, el camino siempre me lleva
al mismo lugar... a las profundidades
de la tierra.

TARDE FRÍA

Si dentro de cada segundo está mi vida, quiero
incluirte a ti, todo comienza a iluminarse de a poco,
solamente la sensación de un destino que transforma
lo no escrito.
No hay un dios que emerja de las nubes para separarnos,
no creo en ese destino marcado, ni la resignación
divina, no creo en nada sobrenatural, solo creo
en el instante.
Los inviernos no agotan su frío, ni tienen piedad con
los mendigos, pero es este invierno en el cual mi amor
no se cae en un abismo insondable.
Las praderas de primavera esperan nuestra llegada,
en cada verde que se anuncia estamos marcados por
un devenir de nuestras voluntades.
Mi cigarro se consume muy rápido le gana a los segundos
del reloj, pero yo miro tu llegada aunque no te vea,
en esta fría tarde solo un par de niños juegan a la
batalla de sus almas.
Si un día mis manos te tocasen todo el color gris de
cada día de invierno se transformaría en azul.
Si pudiera ver tu rostro de tiempo anhelado, toda mi
alma sería un manto de paz.
Quizás mi corazón anide una esperanza ficticia,
pero con todo eso sigo esperándote.

SOMBRAS DEL RETORNO

Sombras que se besan, las vanidades mueren
en la luz, pero esperar ver es verse a uno mismo,
camino a la distancia muy corta de la locura,
es un filo que corta mis pies.
Mis manos se llenan de relámpagos, pero cada
uno de ellos es un pasado que se subsume en el
futuro.
El desencuentro entre el ayer y el hoy, estrechas
ideas marginales fluctúan sobre la atmósfera de
mi oxígeno, todo se llama sin nombre y cada
sombra no tiene nombre.
Sombras que apagan fuegos vanos, que se
proyectan y desproyectan en cámara lenta
sobre una cortina de papel.
Sin nadie todo es todo, mis sombras son el todo
y son nadie a la vez, pero es solo una sombra,
que ata mis manías compulsivas.
Es a la vez sombras y luz, ambos gozan con
el temor humano, ese temor a no morir,
a no ser nadie.
El temor sobrevive a toda prueba de verdades,
siento como dentro del ser ese temor carcome
la vida, la tea del temor siempre está encendida,
y esos pensamientos oprimen las vísceras más
fuertes.
Sombras marginales que se anidan en el vacío humano,
atrapa distraídos con sus vidas monótonas, sombras de
eternos retornos nunca son las mismas,
pero sí una sola.

OTREDAD

Cuando la ilusión es entretejida con hilos de oro,
la trama tiene otro sentido, el sentido de encontrar
la otredad sin mediaciones, entre el tú y el yo los
abismos se abren entre un universo de encuentros.
Que alguien me diga dónde termina el sol, quiero buscar
en las entrañas del mar, un verso que un poeta errante
perdió.
Si danzas para mí eres la estrella entre mi yo y el tú, nada
existiría sin el choque de realidades que nunca se han vivido,
solo las aguas que se han derramado de las fuentes.
No es este momento el que me inmoviliza sino esta inmovilidad
la que me hace temer al momento, mi alegría es un disfraz de
mis angustias y desencuentros, entre ese yo–tú hay un espacio
que ha sido vedado y los versos fríos que rescaté del océano,
tienen un decir egocéntrico, versos para olvidar, para
quemar entre papeles vacíos.
Mis pensamientos se entrecruzan, traspaso los vientos,
delimito la luz, soy el dueño de las sombras humanas, soy
el dueño de tu luz y de tu sombra.
Escribo en tu piel la palabra «desconocida», tu vientre se llena
y tu figura se deforma de tantas noches y amaneceres profanos.
Profundizo tu alteridad y se desgarran los velos de oro que
te atraviesan, quedas expuesta al mundo del vacío, a un tiempo
presente en el cual todo y nada será igual.

PENA DE MUERTE

Una morbosidad escondida entre rejas de aceros, un perverso
sueña con su víctima y se deleita en su acción,
el puñal todavía no llegó, todavía no llegó.
La noche tiene un final, cuando llegue el amanecer
por fin muerto estará, por fin muerto estará.
Su corazón es frío como un hielo, su mente pervertida
se enrosca en la sangre que bebió.
Las niñas duermen en habitáculos de tierra, en el
bosque, perdiendo hadas y duendes, olvidando
felicidad, olvidando jugar.
Los niños desgarrados no lloran inocencia, lloran
dolor, ese dolor que enciende el alma, y no
deja dormir, ni andar, y llena de sufrir al ser.
Aguas turbias bañan los rostros desfigurados,
los piratas del bosque muerden sus cuellos
para romper las arterias que ya no tienen
ni sangre.
La bandera estará plantada sobre cuerpos mutilados,
sobre un plantío de flores recién desvirgadas,
la bandera estará llena de colores sin brillo,
de soles recortados, de ojos sufridos.
Son los últimos sueños del perverso, sabe que
cuando llegue el amanecer su muerte vendrá,
sabe que su muerte alegrará a muchos, sabe
que llegará al final su maldita perversión.

AGUA DE ROSAS

El regreso, se pierde en un sinuoso camino,
no hay vuelta, no hay ruta, el silencio se llevó
todas las preguntas, en el valle de los ausentes
solo estabas tú, en algún tiempo no dicho está
tu alma.
Mis manos con hendiduras por los clavos que me las
atravesaron duelen y se delinea un sol cargado de sangre
de mis arterias.
No hay calor en mi cuerpo, el frío toma en forma ciega
mis manos que no saben a dónde aferrarse, la mente
de estar y no estar en el mismo lugar, solo busca un
poco de oxígeno.
Una dama de rojo besa mis pies, un poco de misterio y
el truco se convierte en magia, pero no hay libertad sin
ser libre, no puedo izar mi bandera, tendré que arriarla
sin miedo.
No digas que un poco de mirra no serviría para bañar
tu cuerpo, tus pies que son pasionales, tus piernas
que nunca se perdieron, y todo un sinfín de lugares que
va marcando tu cuerpo a mi lengua, un poco de agua
de rosas para mi cuerpo, un poco de encuentros sensuales
serán las verdades que nos prometimos
regresar a esta ruta, para encontrar todas las preguntas y
los silencios juntos destrozando mentiras en el valle de
los ausentes, estaré con una flecha en mi pecho, esperando
tu ardor que quema con líquidos seminales, con pechos rozados,
y el deseo se propaga en tus formas sensuales.
Soy el que bebe de tu cáliz seminal, y que siente tu calor
en su boca, mi sed no se calma, tu copa rebosa de ardor,
pero me consumes con tu fuego de sal.

UN INFIERNO QUE NO CRECE

Ya no me matan,
Porque ya soy cenizas de mi cenizas y soy muerte de mi muerte,
ya no cuento los días, sino que cuento la oscuridad.
No camino por el mundo, sino por mi sepulcro, y así arrastro mis
pies.
No veo cadáveres, en este mundo, sino que veo futuros ex–vivos.
El cadáver en mi mente seré yo.
Mis huesos se rompen y astillan,
no tengo lágrimas, ni fluidos, solo mundo óseo.
No me interesa recitar, ni cantar mis penas,
no sirven solo me dejan manchas ajenas.
A parte no las tengo, ya que desde que nací estuve signado
a la nada.
Estoy vivo, pero no quisiera,
estoy aquí, pero no me interesa.
Resumo mis cosas, en nada, solo nada, un infierno que no
crece ni decrece ya que siempre fue igual, ya que no existe
este infierno fuera de mí
está en mí o yo lo soy.

I

Soy esa muerte, que no muere, y esa vida que no vive, soy
ese mundo ciego, y la angustia mortal.

II

Mi mundo ya no se sostiene convivo con mi infierno y el
paraíso
que no encuentro, convivo con las sombras, la oscuridad, el
remate de la vida.
Me detiene el hierro asesino, soy atravesado sin piedad por
esa lucha…
Mi mundo se ha derramado en hieles amargas, que no pue-
do escupir.
Su sabor impregnado en mi me hace que me miren como
un absurdo.

POEMA 22

Veo, si veo, algo inimaginable, ¿será felicidad?, oh! No,
lo puedo describir, con palabras rápidas pero lo haré:
Veo a los niños del Señor jugar con perros muertos, fétidos,
tocar su desmembrado cuerpo mal oliente, agusanado.
Niños, niños —le dice una anciana muerta—, no lastimen
al animal, muéranse ustedes pero no maten al animal.
Dejad, dejad, que los niños entiendan el pensamiento del
mundo.

I

Se acerca la mañana y la historia de la eternidad, florece.
Pero no da tiempo, al respirarla, su aroma envuelve al mundo, a
cada cadáver que camina, porque este aroma florido es el que toda
mi vida estuvo matándome.
Tomen criaturas de la tierra, estas flores, recibidlas en sus almas,
Son la fuerza del espíritu que tiene ganas de mostrarnos como somos.

II

Guardamos dentro de uno el ser que tiene eternidad,
nuestro cuerpo es temporal,
que muere en la esencia de la finitud.

III

Que el alma florezca, y que se marchite.
Que pueda tener su esplendor en el día y la noche,
aun así la finitud perece, y lo infinito se acrecienta.

POEMA 23

(Si me encuentras en mis manifestaciones de fuerzas,
no es solo mía)
para seguir también preciso de la mano divina.
Me aferro al mapa de mi mente que está
trazado para encontrar vivir,
y entrar en su mundo y salir para el de todos.
Lo que es mío tiene la finitud,
carezco de ser Dios, vivo de finitud y sufro de mortalidad,
dejo a un dios ser lo que es, yo soy el polvo de la humanidad.

«En algún punto perdido del universo, cuyo
resplandor se extiende a innumerables
sistemas solares, hubo una vez un astro
en el que unos animales inteligentes
inventaron el conocimiento. Fue aquél
el instante más mentiroso y arrogante de
la historia del universo».

NIETZSCHE

I

¿Porque lloras?, es la hora, no miren hacia ninguna parte, mírense ustedes,
obsérvense miren a sus muertos, quemen sus lágrimas, hundan sus sentimientos
todo está servido,
el sacrificio ya fue consumado, ya está todo hecho,
ahora solo esperar como todo se repite.

II

No llores, niña, no lloren mujeres, no lloren humanos
no ría nadie, no rían, no es ningún tiempo.
A nadie le importa tus llantos y tus alegrías,
solos perdidos en esta constelación de seres.

«Si digo «El» Dios se aleja y desparece
del todo; si digo «Tú», El está presente»

MARTIN BUBER

Mi voz se desacraliza, y ahora comienzo a comprender, la vida, tu
vida, mi vida
tu agonía, y la sangre que fluye, las ondas de grises
banalidades y el misterio que cubre, este inmenso cosmos.
Soy yo, aún encerrado en una membrana gelatinosa, que da asco,
me revuelvo en mis entrañas, nadie me escucha, no tengo ningún
ardid que me ayude.
Me desespero, y se paralizan mis manos,
Me desespero y soy un híbrido que se desvanece en el seno de una
búsqueda que no tiene salida por ahora.
Me llenaste de agonías que no puedo resolver.
Me llevaste al laberinto del vacío,
y mi salto va a dar a la nada,
es difícil ser dios, es difícil ser cristo, y somos dioses y cristos.

«Di la verdad, di, al menos tu verdad,
Y después deja que cualquier cosa
ocurra: que te rompan la página
querida, que te tumben a pedradas
la puerta, que la gente se amontone
delante de tu cuerpo como si fueras
un prodigio o un muerto».

HEBERTO PADILLA

Déjame verte, encontrarte, solo mi tacto se humedece
con tus heridas, quiero verte, (no lo exclamo solo lo digo sin
ninguna tonalidad)
mi mente te dibuja, pero no te interpreta, que haré cuando llegue el fin,
no te puedo invadir y no me puedes mirar,
caí en alguna trampa que no esperaba
caí en la mortal, trampa de mi mente.
No me enfermes más, seguro sé que no quieres irte.
La tormenta es insoportable arrasa todos mis sentidos cognitivos
y cuando termina, no me encuentro, te busco pero no sé
si eres real, o fue todo un ardid de mis sentidos, de mi mente.
Mis manos están llenas de mis pensamientos,
y en algún momento de distracción me traicionarán, tomarán
dominio de esta máquina que se agota de luchar,
sé que cedo a la presión, sé que tiene una vida independiente,
a veces duerme y puedo hacer mil cosas, amar, disfrutar, sentir,
vivir, pero no sé hasta cuando…
no quiero que el gigante se despierte y me domine.
Pues me va apresando, y dejando sin espacio para mí,
asfixiando todo mi espacio interno,
me desmembra, y soy otro dentro de mí,
aunque me doy cuenta, soy mi rehén.
Y me dejan solo, furia contra mí, odio contra mí,
yo, solo yo soy el culpable.

El espacio desaparece, mis venas se cavan en su unicidad,
mi alteridad aunque me esfuerce el enemigo la destruye,
soy yo el que sufre, soy yo el que sangra.
Por más que lo entienda, puede más que yo,
Mi cuerpo pasa a ser nada,
pasa a ser un protagonista pasivo, de toda
la fuerza que se desarrolla en mí.
Imágenes veloces, voces que aturden,
sonidos que cortan, y sangro desde lo más profundo,
¿es algo nuevo para mí?,
o es que ahora lo sé conscientemente.
Ahí están mis marcas, te las dejo.

I

El laberinto no se cierra se va abriendo cada vez más,
dentro mío está claro, y no rebusco una salida
la elaboro para vivirla y caminar sin miedo.
No tiemblan mis pasos. Soy la expresión; soy la palabra,
el canto que no muere, el cielo que no se cierra, soy el que se para
lejos del pedestal, solo en los caminos desamparados.
«TÚ», eres la eternidad, infinitud, encuentro,
semblanza de una verdad, y la misma hecha verdad.
Tomo cada parte de mi vida, la uno, pero no la consolido,
me detengo en medio del camino del laberinto,
y me observo, aún tengo mi Señal, mi marca, mi sello.
Seguro que en este laberinto habrá más con un sello similar,
seguro nos encontraremos.

II

¿Me buscabas?... ¿Me buscabas?..... ¿Me buscabas?,
encuéntrame quebrado, astillado, falto de oxigeno
con mi vida acuesta, en un cuadro surrealista.
No me mires, no puedes, no debes; porque no entenderías, y toda
mirada hacía mí, puede ocurrir cualquier cosa,
no soportarías la revelación,
no es para cualquiera,
tu vida se convertiría en un infierno
quizás como fue la mía.
Pero búscame, no soy el santo,
soy el débil, no soy el perfecto, soy el imperfecto,
soy eso que puedes y no puedes ver.

III

Entiendo el SER más allá de lo que puedo, pero no pienso tener
toda la verdad
más lejos de lo que esperaba, más profundo mucho más,
en él no hay cielo, estoy yo, buscando pero lejos de encontrar
lo superficial,
lejos de buscar la ironía morbosa de lo despreciable.

I

Condenados, por los que desatan el poder egoísta.

Rompen vidas, sueños; esperanzas, ya nada importa, todo se justifica en la mente, de aquellos asesinos, todo tiene un fin que consista odio, dolor, rencor, soledad, vacío, finitud maldita, que no espera más que dominar al otro.

El demonio y el bien, ¿quién es quién?,

El equipo está preparado, y solo queda despedirse en silencio,

Esperando el paraíso, acá... este es el infierno...

Mi decisión es única.

Tortura maldita, sangre por sangre,

sangre de dolor, sangre esperanza.

Estoy seguro que nos veremos...

II

Así con miedo, desnudo, atormentado.

Así me hizo el mundo, me rodean y me gritan, pero sé que no estoy vacío...

Por dentro me digo, soy alguien, aunque castigado, tengo esta vida, sí, busco la venganza, busco tenerlos a ellos como a mí me tienen, es solo un pensamiento, me van a matar por algo que no sé, serán humanos..., serán seres razonables...

Ya me matan, todo quedó en el olvido.

La vida y la muerte que me ofrecen, nada es verdad...

para que elegir, si no puedo...

Este libro se imprimió en Madrid
en agosto del año 2017